노인복지총서 I

성공적인 노후생활 가이드

노후생활설계

대표저자 이준우

공동저자 황준호 · 이현아 · 조미애

도서출판 파란마음

머리말

꽤 오랜 시간 학교에만 있다가 또 다시 현장에도 한쪽 몸을 담아보니 많은 것을 배우고 생각하게 된다. 실천 학문이라 흔히 말하는 사회복지학을 가르치고 사회복지사를 양성하는 교수가 그동안 급변하는 사회복지 현장을 몰라도 너무 몰랐다는 반성과 성찰을 하게 되었다. 원래 교수는 말과 글로 사는 직업이다. 세상 돌아가는 일에 책임질 필요가 없고, 그럴 의지도 없으면서도 말은 잘하고 글도 잘 쓴다. 그래서 교수의 말은 대학 울타리 안에서 맴돌 가능성이 높다. 물론 사회를 변혁시키며 세상을 섬기는 데에 최선을 다하는 훌륭한 교수들도 많다. 하지만 동시에 많은 교수들은 끝없는 진단과 비판에 능하나 실행은 상당히 미흡한 것이 사실이다. 나 또한 교수이니 이러한 교수의 특성을 비껴갈 수 없을 것 같다.

그런 면에서 '화성시'로부터 수탁받아 '강남대학교'가 운영하고 있는 '화성시 남부노인복지관'의 관장을 맡게 되어 지역사회와 서비스이용자인 어르신들을 섬길 수 있다는 것은 정말 큰 축복이며 감사한 일이다. 그러면서 강한 책임감을 떨쳐버릴 수가 없다. 제대로 기관을 운영하고, 확실하게 노인복지서비스를 실천하지 않으면 안 되겠다는 마음이 든다. 대학이 운영하고, 교수가 관장인 복지관이 선구적인 노인복지실천을 수행해 내지 못한다면 안 될 것같기에 더욱 그렇다.

1989년 처음으로 서울에 노인복지관 2개소가 개관하면서 우리나라의 노인복지관은 본격적으로 서비스실천을 하게 되었다. 이제 노인복지관의 역사는 대략 22년에 이르고 있다. 그러므로 우리나라 노인복지관은 성인이 되어 스스로 서비스를 제공할 수 있는 약관(弱冠)을 넘어서서 본격적인 노인복지실천의 성과를 산출할 수 있는 나이 30세인 이립(而立)을 향해 전진해가고 있다. 실제로 노인복지관은 우리나라의 가장 대표적인 노인복지서비스 기관으로 굳건하게 자리매김되었다. 또한 노인복지관의 서비스와 헌신적인 노력의 결과로 지역사회가 노인친화적인 환경으로 아름답게 변모해 가고 있다. 바야흐로 우리나라의 노인복지관은 국내만이 아니라 해외에서도 관심의 집중을 받는 명실상부한 노인복지실천 전문기관으로 성장하였다.

하지만 이러한 노인복지관에 대한 긍정적인 평가와 기대 및 인식이 있음에도 현재 노인복지관의 상황을 꼼꼼하게 점검해 보면 여전히 개선해야 할 측면이 많다. 예를 들어, 고령화된 사회 속에서 최근 급격하게 늘어나고 있는 서비스이용자들에 대해 양적인 서비스는 어느 정도 원활하게 수행되고 있으나 서비스개입실천의 질적 수준을 향상시켜 나가는 데에 있어서는 좀 더 분발해야 할 필요가 있다.

'화성시남부노인복지관' 의 경우도 마찬가지이다. 증가 일로에 있는 서비스이용자들에 대해 지극히 간략한 서비스 욕구만을 파악한 채, 공급자 중심의 서비스(Provider-Centered Practice)를 제공하고 있는 것이다. 현대 노인복지실천에서 당연하게 목표로 해야 하는 권리에 기반한 실천(Right-Based Practice)까지는 아니더라도 노인복지의 절대 원칙으로 받아들여지고 있는 고객중심 실천(Consumer-Centered Practice)이라는 원칙이 솔직히 엄격하게 지켜지지 못하고 있다.

노인복지관에서 나오는 노인복지실천은 서비스이용자인 어르신들을 격려하고 동기를 부여함으로써 그들이 스스로를 성장시키도록 돕는 과정이 되어야 한다. 그래서 노인복지관에서 근무하는 노인복지실천 전문가는 어르신들이 비전을 세워서 미래를 향해 나아가도록 도와야 할 책무를 가진다. 여기에서 노인복지실천은 역행적으로 과거를 돌아보는 것이 아니라 주도적으로 앞을 바라보는 것이다. 노인복지실천은 단지 재활이나 치료에 관한 것이 아니라 성장에 관한 것이다. 즉, 노인복지관의 노인복지실천은 서비스이용자인 어르신의 약점을 극복하는 데에만 초점을 맞추기보다는 어르신의 능력과 기술 그리고 힘을 기르는 데 초점을 맞추어야 한다. 그래서 노인복지관의 직원들과 어르신들은 '전문가서비스이용자' 관계보다 덜 형식적이며 대등한 두 사람 사이의 파트너십에 더 가까운 관계형성을 해야 한다. 그러므로 노인복지관의 직원들이 추구해야 할 노인복지실천의 목표는 깨어진 것을 고치는 데 있지 않고 어르신들이 이미 갖고 계신 오래된 재능을 사용하여 더 큰 효과를 낼 수 있는 새로운 재능과 새로운 방법을 발견하는 데에 있다.

그러나 여전히 노인복지관은 어르신 서비스이용자의 문제, 욕구나 권리를 면밀히 확인하고 사정하면서 동시에 어르신의 욕구에 부응하는 서비스 제공을 체계적으로 실현해 내지 못하고 있다. 노인복지관의 가용한 인력, 시설, 재원과 지역사회의 동원 가능한 인적·물적 자원의 범위 내에서만 서비스를 제공하는 서비스 공급자 중심의 실천을 할 수밖에 없는 상황인 것이다. 노인복지관이 서비스이용자 중심의 실천과 서비스를 제공하는 데는 인력, 시설, 재정 등의 내적 역량과 외부적 제약이 뒤따른다. 그렇지만 노인복지실천에서 서비스이용자 중심의 서비스와 실천은 반드시 지켜내어야 할 절대원칙이다. 나아가 지역사회에 거주하는 어르신들의 성공적 노후생활을 지원하는 노인복지관의 고유한 사명을 성공적으로 완수하기 위해서라도 권리에 기반한 노인복지실천은 꼭 필요하다. 이와 같은 권리에 기반한 노인복지실천은 '선택'이 아닌 '필수'라고 할 수 있다.

이와 같은 맥락에서 함께 일하는 직원들과 나는 '권리에 기반한 고객 중심의 노인복지실천' 을 어떻게 하면 구현해 낼 수 있을지를 끊임없이 고민하였다. 사실 학교에서 교수로만 있을 때는 피부에 와 닿지 못했는데, 노인복지관 관장으로서 막상 현장에 나와 보니 노인복지실천 전문가들이 엄청난 격무에 시달리고 있음을 알게 되었다. 솔직히 자신의 업무와 현장에 대해 고민할 여유조차 없었던 것이다. 과거 교수가 되기 전에 모 사회복지법인의 사무국장으로 일할 때, 늘 부딪혀 왔었던 위기감이 있었다. '이렇게 일만 하다가 완전히 내 머리가 돌이 되는 것 아닌가?' 라는 생각이었는데, 10여 년이 지난 지금, 거의 유사한 느낌을 갖게 된 것이다. 어떻게 해야 할지를 골몰하다가 공부를 해야겠다고 결론내렸다.

이에 따라 현재 노인복지실천 현장에서 가장 큰 이슈가 되는 주제들을 대략 10~15가지 정도로 압축하여 선정했고, 이들 주제들과 관련된 각종 책들과 자료들, 국내외 학술논문 등을 섭렵해 나갔다. 그러던 중 얼마 후에는 나는 다시 학교로 돌아가야 하고, 진짜 공부해야 할 사람들은 평생 노인복지관에서 일해야 할 사무국장을 비롯한 직원들이라는 생각이 불현듯 들었다. 더욱이 교수이면서 관장인 내가 직원들을 섬길 수 있는 일도 공부시켜서 이들을 잘 성장하도록 지원하는 것이라는 생각도 들었다. 그래서 이와 같은 소중한 학습의 경험을 사랑하고 아끼는 직원들과 함께 나누고 싶어졌다.

하지만 또 한편으로는 노인복지관의 일이 만만치 않은데, 근무 이외의 시간을 직원들에게 공부하라고 하는 것은 자칫 직원들에게는 또 하나의 과중한 부담이지 않을까라는 우려도 있었다. 그러나 노인복지실천 전문가는 연구적 · 실천적 삶을 살아야 한다는 소신이 있었기에 우선적으로는 전 직원이 아닌, 원하는 직원부터 먼저 자발적으로 공부하는 시간을 갖게끔 유도하였다. 그러다보니 자연스럽게 관심 있는 주제별로 삼삼오오 직원들이 모여서 마침내 공부하기 시작하였다.

앎을 중요시하되, 앎에만 매몰되지 않고, 앎을 실현하는 행동적 삶을 살아야 하고, 이런 삶을 살기 위해서는 배우고 훈련받아야 한다는 관장의 말에 귀를 기울이고 따르는 직원들을 보면서 '화성시남부노인복지관' 이 국내 최고의 노인복지관이 될 수 있겠다는 자신감이 생겼다. 또한 처음에는 힘들었지만 시간이 흐르면서 연구적 · 실천적 삶을 사는 몸, 즉 '공부하는 몸이면서 동시에 실천하는 몸' 을 만들어가는 직원들이 자랑스러웠다.

이렇게 '한 번 두 번' 자주 만나고 함께 공부하다 보니 어느새 자료가 되기 시작하였다. 그러다가 직원들 중 한 친구가 "관장님, 이거 책으로 내면 어떨까요?" 라고 하였다. 가만히 생각해 보니 급격하게 확장된 노인복지실천 현장에 비해 막상 실무자들에게 도움이 될 만한 구체적이면서도 정리된 노인복지실천 지침이나 관련 자료들이 턱없이 부족한 것은 사실이었다. '그래 이 참에 책으로 만들어 볼 까?' 라는 마음이 생겼다. 그리고 언젠가 일본에 갔을 때, 문고판 크기로 주요 사회복지 이슈들을 시리즈로 출간한 책들을 본 기억도 났다.

〈노인복지 총서〉 시리즈는 이렇게 해서 세상에 나오게 되었다.

그러나 막상 책이 나오기까지는 상당한 고충이 있었다. 현장 실무자들이 책을 쓴다는 것은 상당한 노력이 요구되었다. 글을 쓰는 훈련의 과정은 자연스럽게 많은 시간이 소요되었다. 많은 에너지를 쏟았으나 직원들이 쓴 초고들은 간신히 대학원 석사과정에서 볼 수 있는 레포트 수준이었다. 애초의 계획은 집필한 직원들이 저자로 등재하고, 나는 감수를 하려고 하였으나 자연스럽게 내가 여러 부분에 개입하게 되었다. 즉, 직원들의 원고를 꼼꼼히 읽고 다듬으면서 단행본의 형태와 수준으로 만들어내는 작업을 수행하였다. 이것은 결코 쉬운 일이 아니었다. 그러나 직원들이 열정적으로 노력하고, 동시에 그들이 멋지게 성장해 가는 경험을 수시로 할 수 있었기에 이 모든 작업이 가능했다고 본다. 솔직한 심정은 아마도 무엇인가에 단단히 홀린 듯 싶다. 이렇게 힘든 작업인 줄 알았더라면 시작도 하지 않았을 텐데 '무식하면 용감하다' 고 덜컥 이 커다란 작업을 추진했던 것 같다. 하여간 관장이 고생했다며 나를 대표저자로 하라 해서 이번 3권의 총서에는 내 이름을 올리게 되었다. 하지만 이번에 큰 경험을 하였으므로 향후에는 직원들이 저자가 되어 책을 쓰고, 출간하게 될 것이다. 그 때에는 진짜 내게 '감수' 정도를 부탁하지 않을까 싶다. 혹은 '감수' 조차도 해달라고 요청하지 않을지도 모르겠다. 그래도 좋다. 사실 그랬으면 좋겠다. 그만큼 직원들이 성장한 것이니까 말이다.

책의 수준이야 어찌되었건 책이 되어 그 결과물이 눈앞의 현실로 나타나게 되니까 정말 감사한 마음으로 가슴이 벅차오른다. 무엇보다도 감사한 것은 이 '총서' 작업을 사랑하는 직원들과 함께 할 수 있었다는 것이다. 국내 최초로 사회복지 교육을 실시한 강남대학교와 동아시아 최고의 복지 거점 도시로 성장해 나가고 있는 화성시가 손잡고 함께 운영하는 '화성시남부노인복지관' 의 우수한 인재들과 밤낮없이 투지를 불태우며 애썼던 그 모든 연구와 집필 과정이 결과적으로는 관장과 직원 모두 성장하는 계기가 되었다고 본다. 뿐만 아니라 현장 실무자들도 자신의 분야를 연구하고 임상적으로 경험한 내용을 담아 노인복지 발전에 이바지하는 소중한 자료를 출간할 수 있음을 보여주었다는 것도 뿌듯하다. 나아가 우리가 쓴 책의 내용이 우리가 몸담고 있는 '화성시남부노인복지관' 에서만이 아니라 다른 여러 노인복지관들에서도 활용할 수 있을 것이라는 확신이 드는 것도 큰 기쁨이다.

끝으로 본 총서 시리즈(1~3권)가 나오는데 공동 저자로 수고해 준 여러 직원들에게 고마운 마음을 전한다. 특별히 이 모든 과정에서 출판사와의 연락, 각 필진들 간의 소통, 교정과 교열 등 많은 일들을 헌신적으로 도맡아 준 임은화 과장과 이현아 선생의 노고는 아무리 치하해도 부족함이 없을 것으로 본다. 또한 예정된 원고 마감시간을 훌쩍 넘긴 채, 원고를 드리면서도 출간 날짜는 복지관 개관 3주년에 맞춰 달라고 떼쓰는 몰염치함에도 다 이해해 주시고, 본 총서를 이토록 멋진 책으로 만들어 주신 도서출판 파란마음 황호철 사장님과 직원 여러분께도 큰 감사를 드린다.

이 모든 것을 가능케 하신 하나님과 우리의 고객이신 어르신들께 진심으로 감사 드린다.

2011년 9월 19일

화성시남부노인복지관에서

대표저자 이준우

차례

부록

쉬어가기

고령화가 닥쳐올 노인쓰나미, 우리는 가만히 있을 수 있는가?

중국 인구 13억 명 중 10년 후에 60세 이상이 차지하는 인구는 4억 명이라고 한다. 이는 전체 인구수 30%에 달하는 비율이다. 한국도 비껴갈 수 없는 처지다. 우리나라 고령인구는 1990년 200만 명을 돌파한 이후 300만 명을 돌파하기까지 10년이 걸렸지만, 300만 명에서 400만 명, 400만 명에서 500만 명을 넘어서는 데는 각각 5년 정도밖에 걸리지 않았다. 급속한 고령화로 우리 사회가 평균수명 100세 시대 진입을 앞두고 있지만, 사회는 아직도 80세 시대를 전제로 운영되고 있다. 다가오는 노인쓰나미, 이에 대처해야 하는 우리의 자세는 무엇일까?

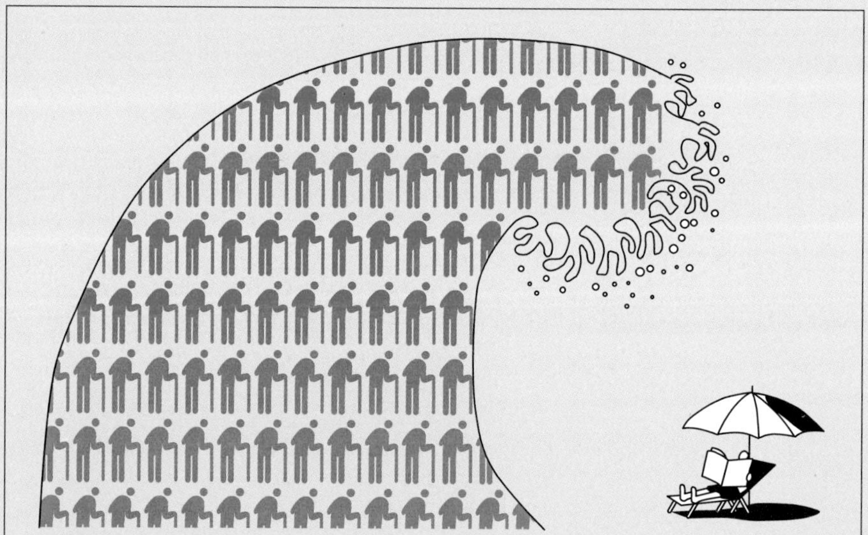

사진출처: 중앙선데이(2011. 6. 5.). 해외만평 '노인쓰나미' 중국도 인구 고령화 공포, 10년 뒤부터 60세 이상 급증해 최대 4억 명.

인구는 세계 최저, 노인인구는 세계 최고

우리나라 인구가 2100년에는 3천 700만 명 수준까지 감소할 것으로 전망됐다. 기획재정부와 유엔에 따르면 우리나라의 총인구는 현재 4천 800만 명에서 2030년에는 5천만 명으로 고점을 찍은 뒤 이후 계속 줄어 2100년에는 3천 700만 명 수준까지 떨어질 것으로 예상된다. 저출산 · 고령화로 인한 우리나라의 인구 감소 속도는 신흥국들 가운데에서는 상당히 빠른 편이라고 지적했다. 반면 노령화 지수와 노년 부양비는 빠르게 증가하여 2050년에는 세계 최고 수준에 이를 전망이다.

한국 · 세계 총인구 전망

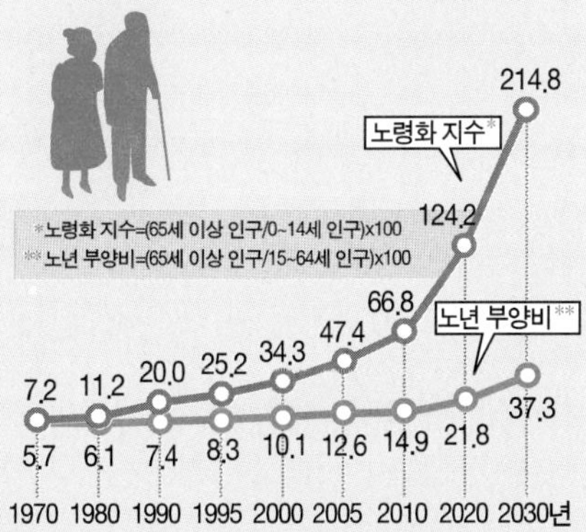

노년 부양비 · 노령화 지수 추이
(단위: %)

사진출처: 연합뉴스(2011. 7. 10.). 한국 인구, 2100년 3,700만 명으로 감소.

연합뉴스(2005. 10. 6.). 노년 부양비 · 노령화 지수 추이.

제 1 장

급변하는 노인복지환경

몇 달 전 가깝게 알고 지내던 한 사장님을 만나 뵐 기회가 있었다. 올해 환갑을 넘기신 사장님은 예나 지금이나 늘 흐트러짐 없는 강인한 모습을 유지하고 계시는 한결같은 분이시다. 오랜만에 뵙게 되어 그간 있었던 서로의 근황에 대한 이야기를 나누던 중 자연스럽게 노인복지관에 대해 소개하게 되었다. 그런데 한참 이야기를 경청하시던 사장님께서 허허 웃으시며 건넨 짧은 한마디. "노인네들이 다니는 유치원이군 그래."

이 말을 듣는 순간 내색하진 않았지만 노인복지관에 근무하는 사회복지사로서는 큰 충격이었다. 그 사장님은 '유치원'이라는 말을 대단히 유치하다는 뉘앙스를 담고 말했기 때문이었다. 즉, 어린 아이처럼 자기 앞가림 못하는 노인들이 할 일이 없어서 가는 곳이 노인복지관이라는 인식을 갖고 계셨던 것이다. 어떻게 노인복지관을 유치원에 비유할 수 있단 말인가? 처음에는 이해할 수 없었고, 불쾌하기까지 했다. 그러나 그 순간도 잠시 뿐, 시간이 지날수록 그 분의 말 한마디는 여러 차원에서 많은 고민을 하게끔 하였다. 노인복지관이 얼마나 많은 일을 하는데, 왜 그리 이해가 짧으신지 하는 억울한 느낌도 들었다. 그런데 문득 이런 생각이 들었다. 이 분도 노인복지관 이용 대상자라는 사실이었다. 솔직히 그 분이 하신, 이 말을 듣기 전까지는 그 사장님이 복지관을 이용할 수 있는 회원자격(연령과 거주 지역)을 갖춘 대상자라는 생각을 단 한 번도 해본 적이 없었다. 본인의 사업을 잘 운영하고 계시고, 건강하고 활발하게 사회활동을 하고 계셨기에 노인복지관 서비스 이용 대상자라고 생각하기보다는 단지 사업가로만 기억했을 뿐이다.

하지만 엄연한 현실은 그 사장님도 노인복지관에 오실 수 있는 분이라는 것이다. 비록 노인복지관을 유치원으로 비유하면서 무시하셨더라도 조만간 노인복지관에서 제공하는 다양한 서비스를 접하고 많은 유익을 얻게 될 것임은 분명하다. 이렇게 수많은 노인들이 나이에 구애받지 않고, 노년의 삶을 살고 있을지라도 언젠가는 우리 사회가 노인들을 향해 설정해 놓은 기준과 인식에 의해, 그리고 그렇게 볼 수밖에 없는 실제 삶의 모습인 '노화'로 인해 누군가에게 도움과 돌봄을 받으며 살아가게 될 것이다. 어쩌면 노인복지관은 어르신들이 그렇게 연약해지기 전에 최대한 자립적으로 활력 있게 이 세상을 살아가실 수 있도록 실제적인 노후생활 준비 프로그램들과 사업들을 개발하고 시행할 사명이 있다.

실제로 오늘날 모든 노인들에게 가장 중요한 인생과업은 어떻게 해야 노후를 행복하게 지낼 수 있는가이다. 그래서 노후생활에 대한 개념을 바르게 이해하고, 계획적으로 잘 준비하는 일은 매우 중요하다. 그런데 이러한 노후생활에 대한 체계적인 접근을 하기 전에 먼저 선행되어야 할 일이 있다. 그것은 바로 노년기, 노인, 고령화 등과 같은 현상이 갖는 의미를 제대로 파악하는 일이다.

1 노인인구 증가와 인구 고령화

오늘날 우리 사회뿐만 아니라 동시대에 살고 있는 사람에게 노인인구의 증가와 인구 고령화 현상은 낯설지 않은, 익숙하면서도 보편화된 사회적 이슈일 것이다. 특히 다른 선진국에 비해 고령화 속도가 빠른 우리나라는 2000년에 이미 고령화 사회(aging society)에 진입하였으며, 2011년 현재 노인인구 비율이 11.3%를 차지하고 있다. 이 같은 속도라면 2020년에는 노인인구 비율이 14.4%에 달해 '고령사회(aged society)' 로, 2026년경에는 20%를 넘어 '초고령사회(super aged society)' 에 도달할 것으로 예측되고 있다. 10~15년 뒤에는 전체인구 5명 중 1명이 노인인 사회를 맞이하게 된다. 우리 사회의 인구 고령화는 노령화 지수를 통해 살펴보면 더 쉽게 이해할 수 있다.

TIP 노령화 지수(aged-child ratio)란?

유소년층 인구(0~14세)에 대한 노년층 인구(65세 이상)의 비율

= (65세 이상 인구/0~14세 인구)×100

➔ 인구의 노령화 정도를 나타내는 지표로, 노령화 지수가 높아진다는 것은 장래에 생산 연령에 유입되는 인구에 비하여 부양해야 할 노년 인구가 상대적으로 많아진다는 것을 말한다.

한국통계연감 데이터베이스(DB)에 따르면 우리나라 노령화 지수는 1955년 8.0%에서 2011년 현재 72.4%로 9배 이상 상승하였다. 향후 2020년에는 125.9%, 2030년에는 213.8%까지 증가할 것으로 예상되어 해를 거듭할수록 노령화 지수가 급격히 빨라지고 그 상승폭이 커질 것으로 전망된다. | 그림 1-1 |은 노령화 지수의 예상 추이를 나타낸 것이다.

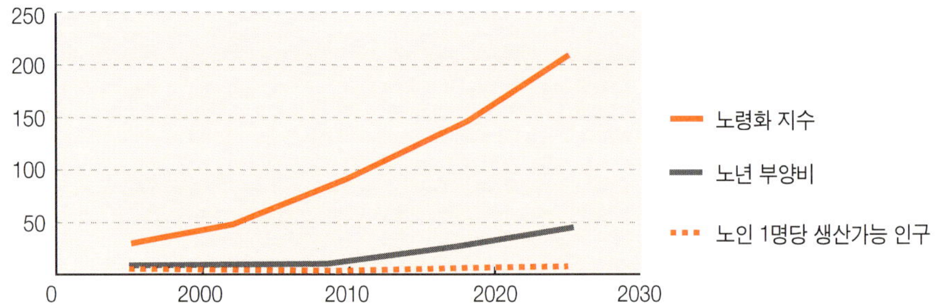

| 그림 1-1 | 노년 부양비 및 노령화 지수

출처: 통계청(2010c). 한국통계연감.

이렇게 노령화 지수가 급격히 빨라지는 이유를 두 가지로 해석해 볼 수 있다.

첫째, 베이비붐 세대의 합류이다. 아마 한번쯤은 '베이비붐 세대'라는 단어를 들어봤을 것이다. 베이비붐 세대는 6.25 전쟁 후 출산율이 급증한 1955년부터 산아제한 정책으로 출산율이 둔화된 1963년까지 출생한 713만 명의 인구집단으로 총인구의 14.6%를 차지하고 있다. 베이비붐 세대는 이전 세대에 비해 인구 규모가 매우 크고, 상대적으로 교육수준도 높은 세대이다. 이들 세대의 삶은 지난 55년간 우리나라가 경험한 산업화와 민주화 과정 그 자체였다. 1970~1980년대 산업화와 수출의 역군으로서, 1980~1990년대 마이카(my car) 시대를 연 대량소비 주체로서, 그리고 1980년대 말 결혼 적령기에 들어서면서 주택부족을 경험했던 세대로서 자산의

70~80%를 부동산으로 보유하고 있다. 젊어서는 일자리에 대한 고민 없이 경제성장의 혜택을 누렸던 반면, 1997년 외환위기와 2008년 금융위기를 최일선에서 경험했고, 노부모에 대한 부양 의무는 있으나 자녀로부터 부양받기 쉽지 않은 '끼인 세대(sandwiched generation)' 라는 단어로 지칭된다. 이들 세대는 현재 40대 후반에서 50대 중반에 걸쳐 있으며 대량 퇴직을 앞두고 있다. 향후 10년간 150여만 명의 베이비부머가 퇴직할 것으로 전망된다(청와대, 2011). 이러한 전망에 따라 노인인구는 더욱 급격히 증가할 것이고, 베이비부머 세대 다음으로는 이들의 자녀세대가 노년층에 흡수됨에 따라 노인인구의 증가는 꾸준히 계속될 전망이다.

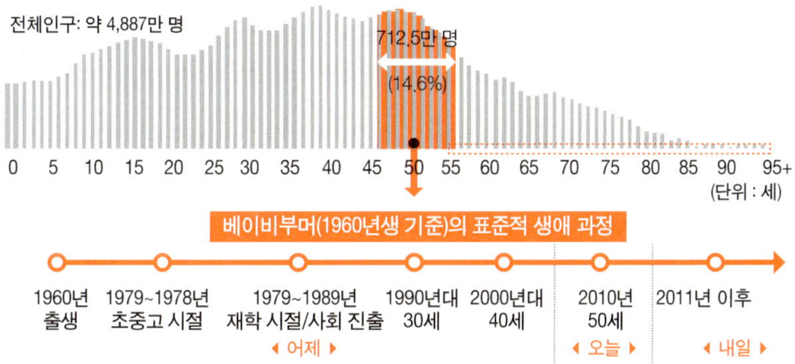

| 그림 1-2 | 베이비붐 세대의 어제, 오늘 그리고 내일

출처: 통계청(2010b). 통계로 본 베이비붐 세대의 어제, 오늘, 내일.

둘째, 기존 노인인구의 생존이다. 과거에는 노인 특히 고령의 노인은 사회적으로 희소가치가 있었다. 한 예로 과거 환갑이라는 나이에 접어들면 무사히 생존한 것에 대해 온 가족과 이웃이 축하하며 앞으로 얼마 남지 않은 여생을 만수무강하도록 기원하는 풍습이 있었다. 그러나 오늘날 여느 생일과 다름없이 조용히 보내는 가정이 많아졌다. 뿐만 아니라 고령의 노인이 장수하는 비법에 대해 소개할 때는, 특별한 사람의 이야기처럼 다루어져 왔지만, 이 역시도 평균 수명이 연장됨에 따라 특별한

한 사람의 이야기가 아닌 다수의 이야기가 되어 버렸다.

우리는 두 가지 측면에서 빠르게 증가하는 노령화 지수에 대해 생각해 보았다. 그렇다면 노인인구가 증가하는 인구 고령화 현상을 우리는 어떤 자세로 맞이하고 있는가?

우리는 성장하면서 인구 고령화에 대해 교육받은 적도, 학습했던 경험도 전무하다. 그 누구도 이와 같은 상황을 미리 예측하여 교육할 만큼 절실한 필요성을 느끼지 못했을 뿐만 아니라 노인에 대한 획일화된 시각을 계속 대물림해 왔다. 그러다 보니 시대에 뒤떨어진 경로효친 사상만 강조할 뿐이다. 물론 어른을 공경하고 존중하는 자세는 무엇보다 중요하다. 그러나 한편으로 이는 노인은 나약하고 사회적으로 도움이 필요한 존재라는 잘못된 동기에서 시작된 인식일 가능성도 있다.

노인복지관에 근무하는 사회복지사도 역시 그런 내적 편견과 갈등에 부딪힐 때가 종종 있다. 복지관을 이용하는 다양한 어르신들을 접하면서 좌절하기도 하고 당황하기도 하고 때론 화가 날 때도 있다. 그러나 가만히 생각해 보자. 내 자신이 미리 그려놓은 노인의 모습이 아니어서 혼란스러워한 것은 아닌지 말이다.

베이비부머 세대의 합류가 본격화되면 여러 세대의 노인들은 '노년층' 이라는 테두리 안에서 정의될 것이다. 사회제도적인 측면으로 바라보기에 그들은 모두 같은 노년층 인구에 불과하다. 하지만 서로 다른 문화적 배경과 개개인들의 삶을 가지고 지난 인생을 살아온 여러 세대가 함께 얽히고 설켜 사는 것이다. 그들의 삶은 어느 누구도 예측하지 못한다. 오직 그 시대를 사는 당사자들만 알 뿐이다. 하지만 그들을 제외한 우리도 그들을 알아야 할 책임은 있다. 훗날 인구 고령화로 인해 새로운 난관에 봉착했을 때에 노인만을 비판하고, 그들의 생존을 비난하는 어리석음을 범치 않기 위해서는 급격한 인구 고령화에 맞는 인식의 변화와 노년기에 대한 새로운 정의가 정립되어야 한다. 뿐만 아니라 우리에게도 노년은 온다. 따라서 우리 역시 후손에게 짐이 되는 존재로 남을 수도 있음을 기억해야 할 필요가 있다.

2 노년기의 새로운 정의

과거 인생주기에 관한 이론은 주로 태어나면서부터 청소년기에 이르기까지 세분화된 발달과업과 발달단계를 제시하였다. 그 이유로는 첫째, 평균수명이 현재와 같이 빠른 속도로 증가될 것이라는 예측을 미처 하지 못했기 때문이며, 둘째는 장년기부터의 인생은 유아기에서 청년기처럼 누구나 다 경험할 수 있는 보편적인 경험이 결코 아니었기 때문이다. 그러나 앞으로 살아온 생애만큼 살아갈 생애가 남아있는 시대가 도래했으며, 장년기에서 노년기를 경험하는 시기가 점차 늘어남으로써 전체 인생주기에 대한 새로운 정의가 요구된다.

2011년 신묘년 시작과 동시에 인구통계 전문가인 고려대 통계학과 박유성 교수팀은 의학발달을 감안한 새로운 기대수명을 계산해 '100세 시대' 가 도래했음을 알렸다. 이 예측에 따르면 1971년생(올해 만 40세) 남자의 경우 47.3%가 94세 생일상을 받고, 같은 해 태어난 여성의 경우 48.9%가 96세 생일상을 받는 것으로 나타났다. 이 같은 고령화는 개인의 영양상태와 의료환경 개선에 따라 나타나는 것으로, 사회적으로는 건강하게 늙어가는 이른바 '건강한 고령화(healthy aging)' 현상을 함께 수반하게 된다. '건강한 고령화' 란 인구집단이 고령화가 되어도 영양상태와 보건환경 등의 개선에 따라 예전보다 덜 아프고 더 건강하게 살게 되는 것을 말한다. 즉, 70대 노인이 40~50대처럼 건강한 모습으로 생활하며, 고령이지만 과거보다 젊어진 몸으로 사회활동에 적극 참여하는 '활동적 고령자(Active Seniors)' 세대를 이루게 된다(미래에셋퇴직연금연구소, 2011).

'활동적 고령자' 세대들은 노년의 시기에도 끊임없이 도전을 한 역사적 인물들을 통해 이해할 수 있다. 이 중에서도 피카소(Picasso), 록펠러(Rockefeller), 윈스턴 처칠(Winston Churchill) 등을 꼽을 수 있다. 92세에 생을 마감한 인상주의 이후 최고의 화가 파블로 피카소는 70대의 나이에 새로운 형식의 유파를 개척했고, 90세가 넘어 죽을 때까지 그림을 그렸다. 석유왕 록펠러의 골프 이야기도 흥미롭다. 60세에 처음으로 골프채를 잡은 록펠러는 거의 매일 오전 10시 15분이면 골프 코스에 나갔고, 친구와 가족, 주치의 등 최대 12명이 함께 라운딩했다. 그의 골프 열정은 단순한 취미 이상이었다. 그의 목표는 100세에 100타를 쳐 '에이지 슈터(본인의 나이와 같은 타수를 치는 사람)'가 되는 것이 목표였다. 끊임없이 도전했던 인물로는 윈스턴 처칠을 들 수 있다. 복지국가 정책의 선구자라고 할 수 있는 윈스턴 처칠은 75세에 ≪제2차 세계대전≫을 집필하기 시작해 80세에 6권을 완간했으며, 그해 노벨문학상을 수상했다(이재규, 2009). 이상의 '활동적 고령자'에 대한 사례는 노년기를 긍정적이고, 활동적인 시각에서 바라보아야 한다는 의미를 부여한다.

그러나 오늘날 우리 사회는 노년기에 대한 이상과 현실에 괴리가 크다. 노년기에 경제활동을 희망하는 수요는 증가하고 있지만, 그들을 수용할 직장은 턱없이 부족하다. 장년층부터 사회적으로 퇴직을 강요하는 사회 속에서 살고 있는 우리는 인식마저도 장년층부터 사회구성원으로서 할 수 있는 일이 제한되어 있다는 한계를 정해 놓은 듯하다. 마치 노년기의 에너지는 아직도 100인데 이를 서서히 줄여야 함을 암묵적으로 강요하는 듯하다. 그리고 그 100에 해당하는 에너지를 발산하기 위해 적극적인 행동을 취하거나 기존의 에너지를 유지하는 경우를 접하게 되면 "그 나이에 대단하십니다." 혹은 "이제 쉬실 때도 됐잖아요.", 부정적으로는 "나이 값 좀 하세요." 등과 같은 말로 그들의 에너지를 자제시키려 한다. 이러한 잣대는 나이가 많아질수록 더욱 까다로워진다.

이렇게 현실과 이상의 격차가 큰, 현 상황에서 실제 현상인 '고령화'가 눈앞에 이미 다가와 버린 지금 노인복지실천은 어떤 방향으로 나아가야 하는가? 크게 두 가지로 살펴볼 수 있다.

첫째는 고령화에 따른 생애주기 간격의 변화에 부응하는 혁신적인 노인복지실천이 강력히 요구되고 있다. 기대수명이 크게 증가하는 현실에서 가장 필요한 것은 기존의 생애주기의 간격을 바꾸는 일이라고 본다. 지금 우리 사회의 모든 제도와 체제 그리고 국민 의식은 아직도 20대에 대학을 졸업하는 동시에 취직하며, 50~60대까지 일하다 80대에 삶을 마감하는 것에 머물러 있다. 이미 우리 앞에 가시화된 현실은 100세 시대이다. 곧 일반적인 현상이 100세 시대에서는 50~60대에 은퇴한 후에 인생의 절반에 해당하는 노후의 삶을 살아야 하는데 과거의 시스템은 유효하지 않게 된다. 이에 따라 인생 100세 시대에는 개인의 요구에 따라 학습과 일, 여가를 자유롭게 선택하고, 그 선택도 나이와 상관없이 순환적으로 일어나게 될 것이다. 이는 동시에 다양한 노년기 역할과 삶의 선택이 가능하게 되었음을 의미하므로 노인의 정체성 확립과 자아실현, 욕구 충족을 위한 평생교육의 필요성이 더욱 강조될 수밖에 없다.

둘째는 노인복지실천에서 노인일자리 사업의 비중이 획기적으로 늘어나야 한다는 것이다. 왜냐하면 이 시대는 평생직장의 개념에서 평생현역의 관점으로서의 전환이 절실하게 요구되기 때문이다. 실제로 100세 시대에서는 평생직장 대신 평생현역이 더 중요한 가치가 될 것이다. 가령 평생 한 직장, 한 직업을 갖는 시대가 아니라 평생학습을 통해 끊임없이 새로운 일자리를 찾을 수 있도록 현역기간을 늘리는 일이 절실하게 요구된다.

결국 노년기는 죽음을 앞에 둔 짧은 인생의 한 단계가 아니라 상당히 오랫동안 있어야 할 장기간 지속되는 인생주기의 한 부분이라 할 수 있다. 이에 따라 노년기에 진행되는 노후생활이 활력 있고 행복하게 성공적으로 이루어지기 위해서는 '활동적 고령자' 들이 많아질 수 있는 사회적 대책과 유용한 노인복지실천 프로그램들이 개발 · 시행되어야 한다.

쉬어가기

아름다운 만남

-복지관에서의 나의 하루-

이준남_화성시남부노인복지관 회원

직원들의 관심과 사랑으로 해마다 눈부신 성장과 발전을 거듭해 나가고 있는 화성시남부노인복지관은 어르신들의 천국이다.

am 10:00

"안녕하세요, 어르신! 오늘도 즐거운 하루 되세요." 직원들의 아침인사를 받으며 나와 나의 부인은 2년 동안 화성시남부노인복지관을 이용하고 있지만 항상 떨리는 마음으로 복지관에 도착한다.

am 10:05

직원들과 인사를 나누고 첫번째로 향하는 곳은 찜질방과 독서실! 나의 부인은 찜질방에서 자원봉사자로 활동하고, 나는 독서실에 가서 신문과 책을 보며 인터넷 검색도 한다.

am 11:10

2층에 위치한 대강당에는 사회교육 프로그램을 참여하기 위해 많은 수강생들이 모여 있다. 나는 차차차~ 강사님의 구령에 맞춰 댄스 스포츠 수업을 듣는다. 룰루랄라~ 오늘 하루도 신난다.

pm 12:05

다양한 대회출전을 위해 오늘도 꾸준하게 댄스 스포츠 연습을 한다. 추운 겨울이지만 땀이 줄줄 흐른다.

pm 12:45

어느덧 점심시간! 우리 복지관 경로식당 밥은 최고! 밥을 먹을 때는 언제나 행복하다.

pm 13:30

복지관에서 만나 친분이 두터워진 동년배들과 헬스장에서 러닝머신 운동을 하고 시원하게 샤워를 한다.

pm 14:30

내가 참여하고 있는 노노난타 동아리 모임에 참석한다.

동아리 회원들과 오늘도 정보교환과 담소를 즐긴다.

pm 16:00

어느덧 귀가시간! 오늘도 집으로 돌아가는 발걸음은 항상 아쉽기만 하다. 하지만 복지관의 내일은 오늘과 같이 활짝 열려 있음을 알기에 내일을 기약하며 셔틀버스에 오른다.

출처: 화성시남부노인복지관(2010). 만사대전보 3호. p. 9.

제2장

한국 노인들이 바라본 진정한 노후생활

1_ 시작하기: 노후생활 인식의 중요성
2_ 변화하는 노화의 개념
3_ 사회문화적 관점에서 바라본 노화
4_ 한국 노인이 인식하는 노후생활
5_ 한국 노인의 노후준비 인식
6_ 노년기 꿈과 현실의 격차
7_ 성공적인 노후생활을 향한 소망

요즘 평균수명의 증가로 100세 인생이란 말이 심심치 않게 들린다. 일한 만큼 노후를 보내야 하는 시대, 그렇다면 행복한 노후를 보내기 위한 조건은 무엇일까? 이러한 질문에 대한 응답을 찾고자 경기도 화성시에 거주하는 노인들을 심층 면담하였다. 이를 통해 그들이 인식하고 있는 노후생활 의미와 노후준비 정도, 그리고 그들이 꿈꿔왔던 노후생활과 지금의 모습에 대해 어떻게 인식하고 있는지 조사해 보았다.

*제2장은 이준우 · 이현아 · 황준호(2011). 한국 노인의 노후생활에 관한 인식. 한국노년학 31(3), 711-732.에서 발췌 정리한 것이다.

1 시작하기: 노후생활 인식의 중요성

최근 고령화 속도가 급속도로 빨라지고, 베이비붐 세대의 노년기 진입을 앞두고 있는 상황과 맞물려 노화에 대한 관심이 크게 증가하고 있나(이순우 · 서문진희, 2009). 특히 베이비붐 세대의 고민과 염려는 매우 큰 것으로 나타나고 있다. 베이비붐 세대를 기준으로 살펴보면 이전 세대들은 경로효친(敬老孝親), 장유유서(長幼有序) 등 어른을 공경하고 대우하는 사회적 분위기에서 성장하였기 때문에 노인이 되는 것에 대한 부담이 적었던 반면, 산업화 이후 속도와 경쟁사회에서 적응한 베이비붐 세대들에게 '늙음' 은 곧 탈락과 좌절을 의미하여 노인이 되는 것을 편하게 받아들이지 않는다는 것이다(오희철 외, 2010). 이에 따라 노화는 일반적으로 생활의 거의 모든 면에서 쇠퇴, 상실, 죽음 등과 연관하여 부정적인 인식으로 고착되어가고 있다.

이런 경향 속에서 전통적인 노화의 개념을 극복하려는 움직임이 일각에서 활발하게 일어나면서 노화에 대한 긍정적인 시각이 부각되었다. 그 결과로 정리된 노화의 개념 중 하나가 바로 '성공적 노화' 이다. 성공적 노화(successful aging)는 노인들의 소득, 건강, 가치, 생활패턴 및 개인의 경험 등이 매우 다양한 양상을 보이고 있다는 점에서 출발하였으며 공식적으로는 1986년 미국 노년사회학회 연례회의에서 처음 소개되었다(Fisher, 1995). 이후 생물학을 비롯한 사회과학, 행동과학, 의학 등 각각의 학문영역 안에서 성공적인 노화에 필요한 요인이 무엇인지 규명해 내는 연구에 집중해 오고 있다.

이후 성공적인 노화의 요인을 찾아내려는 연구 경향은 각 학문별로 통합적으로 이해해야 한다는 인식에서 다학문적으로 연구되어야 한다는 시각으로 전환되었다

(Thayer, 1999). 이에 노년학자들은 삶의 질, 안녕, 복지, 생활만족도, 인생만족도, 행복 등의 개념을 사용하여 성공적 노화의 다양한 요인을 제시하고, 요인들 간의 상호관련성을 강조하면서 결국 성공적 노화를 위해서는 효과적인 노후생활 준비가 필요함을 주장하고 있다(Rowe & Kahn, 1998; 홍현방, 2001; Chou & Chi, 2002; Crosnoe & Elder, 2002).

하지만 노후생활과 노후준비에 대한 구체적이고 현실적인 방안은 제시되지 못하고 있는 실정이다. 이렇게 될 수밖에 없는 가장 큰 요인은 노후생활과 노후준비에 대한 노인 당사자의 인식을 파악하지 못하고 있기 때문인 것으로 예상된다. 즉, 노화로 인해 일상생활의 변화를 가장 크게 경험하는 예비노인과 노인 당사자들의 노후생활과 노후준비에 대한 인식이 어떠한지에 대한 연구가 매우 미흡하기 때문이다(Rowe & Kahn, 1987; Baltes & Baltes, 1990; 고대선, 2009; 최성재, 2009).

더욱이 성공적 노화나 행복한 노후생활 및 노후준비 등과 같은 개념들은 시대적 · 환경적 · 문화적 맥락 속에서 형성되어 왔다. 따라서 양식화된 도구로 조명해온 과거 서구의 수많은 연구들은 성공적 노화와 행복한 노후생활 등의 의미를 너무 단순화하는 양적연구방법의 한계를 극명하게 드러낼 가능성이 있다. 그래서 점차적으로 노후생활에 대한 환경적 · 문화적인 영향을 강조하고, 이에 따른 노인들의 성공적인 노화와 원하는 노후생활에 대한 차이를 확인하는 연구는 그 어느 때보다 고령화 사회가 된 현재에 더욱 활성화되어야 한다(Torres, 2002).

제2장은 서구 노인의 경험으로 만들어진 노후생활의 개념과 그에 따른 서비스를 우리나라 노인에게 적용하는 것이 타당한지에 대한 논의와 함께, 우리나라 노인의 실제 생활세계와 밀접한 노후경험의 실체와 욕구를 노인들의 언어로 파악하고자 하는 시도부터 시작되었다. 이는 노화는 개인의 삶과 사회적 기능의 상황적 틀 속에서 의미를 이해한다는 문화적 노화 개념에 대한 연구(Blakemore, 1997; Willigen & Lewis, 2006)와 맥락을 같이 한다. 즉, 성공적인 노화가 노인들이 오랜 세월에 걸

쳐 살아온 자신의 상황과 경험, 지배적인 고유의 가치관에 따라 다르게 인식되어지고 이해된다는 점을 전제한다. 따라서 6.25 전쟁과 산업화 과정에서 형성된 특수한 연령 집단이 내포하고 있는 신체적 · 정신적 · 사회적 특성이 상당히 다양할 것이라는 점을 고려하여 현 노인 세대의 노후생활과 노후준비 인식을 문화적 다양성의 관점에서 모색해 볼 필요가 있다. 이를 위해서는 연구참여자의 살아있는 경험의 중요성을 인식하고, 총체적인 접근을 시도해 볼 수 있는 질적 연구방법이 크게 유용할 것으로 판단되었다.

이를 위해 다양한 유형의 노인들을 한눈에 볼 수 있는 도농복합도시인 경기도에 소재한 화성시를 연구지역으로, 만 60세 이상의 거주 노인을 연구참여자로 선정하였다. 연구참여자는 화성시 N 노인복지관을 이용하고 있는 자로 한정하였는데, 이는 N 노인복지관이 화성시 유일의 노인복지관으로 1일 평균 700여명의 노인들이 이용하고 있을 뿐만 아니라 화성시 전역에 셔틀버스를 운행하여 도시와 농촌, 어촌 등 다양한 지리적, 사회적, 문화적 환경을 갖고 있는 노인들이 압축적으로 모인 곳이기 때문이다. 이 자료들은 N 노인복지관을 주 2회 이상 이용하고 있는 만 60세 이상의 노인을 전기 노인(60~75세)과 후기 노인(76세~80대 이상)으로 구분하여 표집한 후에 거주지역, 성별요인과 주관적 건강요인, 주관적 경제요인을 고려하여 15명을 선정하였다. 최종 대상자가 선정된 이후에는 2011년 1월부터 3월까지 2개월에 걸쳐 집중적인 심층면담을 진행하였다. 대략 1시간 30분에서 2시간 가량의 개별면담과 그들이 복지관에서 생활하는 시간(적게는 4시간에서 많게는 6시간)동안 이루어진 관찰을 통해 중요한 정보를 얻을 수 있었다.

연구자는 면담과정에서 '당신이 인식하는 노후생활은 무엇인가?', '노후준비는 언제 시작하였는가?', '꿈꿔온 노후생활과 노후준비에 대한 차이를 어떻게 인식하고 있는가?' 등에 대해 질문하였다. 이는 노후생활에 대한 인식, 노후준비에 대한 의식, 실제 행동 정도, 그리고 이상적인 노후생활과 실제 노후준비의 차이는 한국

노인의 시대적 경험을 반영하여 어떠한 차이가 있으며, 이를 설명하는 요인은 무엇인지를 살펴보고자 하였다.

분석과정에서 연구자는 객관적 입장을 유지하면서 자료에 나타난 상황이나 말을 당연한 것으로 받아들이지 않으면서 연구참여자의 경험 과정을 발견하고자 노력하였다. 이에 따라 처음에는 개별 녹취록을 전체적으로 한 번 읽고 인터뷰 내용에 대한 전반적인 인상을 얻었다. 그 후 재독시에는 한 줄 씩 읽고, 떠오르는 잠정적인 개념들을 중심으로 해당되는 면담 내용들을 분류시켜 나갔다. 새로운 주제가 나타날 때마다 다시 앞부분의 응답내용을 비교, 검토하면서 범주를 재조직화하였다. 이러한 과정을 반복적으로 거침으로써 주제의 일관성을 지속적으로 유지하고자 노력하였다.

이를 통해 우리나라 노인들이 삶 속에서 실제적으로 경험하는 노후생활의 의미와 본질을 찾고, 동시에 노후준비에 대한 인식을 탐색하여 이를 시대적 · 문화적 배경 속에서 재구성하고자 노력하였다.

2 변화하는 노화의 개념

과거 은퇴 후의 삶은 죽음을 기다리는, 죽음을 향해 나아가는 시간을 의미하였다. 그러나 최근 수명증가와 고령화 사회가 가속화되면서 노년은 또 다른 인생의 시작으로 새로 부여받은 시간을 의미하게 되었고, 한 개인이 앞으로의 인생을 어떻게 꾸려 나가느냐의 문제는 노년의 삶의 질과 깊은 연관성을 갖게 되었다. 노인에 대한 관점이 병리, 질병, 결핍으로 인해 자신을 돌볼 수 없는 사람으로 여겼던 인식에서 벗어나 커다란 도전과 고통에 맞서 생존해 온 사람으로서 변화, 변형, 기대의 가능성을 만들기 위한 신체적 · 감정적 · 인지적 · 대인적 · 사회적 · 영적 에너지의 방대한 저장소라는 인식으로 변화하고 있다(Saleebey, 1992).

로우와 칸(Rowe & Kahn, 1987)은 기존의 노화 연구들에 대한 비판과 함께 노화의 과정을 병리적 노화와 성공적 노화로 구별할 것을 제안하면서, 성공적 노화를 위해 필요한 것은 유전적이고 생물학적인 요인이 아니라 개인의 선택과 노력이라는 점을 강조하였다. 성공적 노화는 생물학적 · 심리적 · 사회적 노화과정과 관련해서 '건강한 노화', '적응적 노화', '생산적 노화'의 세 가지 영역으로 구성되는데, 특히 사회적 영역에서 성공적으로 노후생활을 영위하려면 사회관계망 유지, 노후소득 준비, 사회활동 참여가 중요함을 강조하고 있다(김경호 · 김지훈, 2009; Bowling, 2010; 권중돈, 2010).

성공적 노화 모델은 노화에 대한 부정적인 편견을 없애고 노년의 잠재력과 삶의 질 향상에 기여했다는 점에서 평가받고 있지만, 동시에 여러 측면에서 한계점들이 지적되고 있다(정경희 외, 2006). 특히 성공적 노화에 대한 논의 자체가 가치개입적이고 규범적이라는 점에서 근본적인 비판의 대상이 되고 있는데, 기준에 미치지 못하는 많은 노인들을 주변화하고, 노화에 따른 상실의 복합적인 의미에 대해 방관하며, 지나치게 개인의 책임을 강조함으로써 사회구조적 측면을 간과하고 있다(한경혜, 2000; 한경혜 · 윤성은, 2007).

한편 세계보건기구(WHO)와 국제연합(UN)에서는 고령사회에 대처하기 위한 논의의 초점을 단순하게 건강하고 성공적인 삶을 위한 노인 개인과 관련된 의제가 아닌 새로운 형태의 노년사회를 맞이하는 사회구성원 전체의 의제로 바꾸었다(WHO, 2002). 세계보건기구(WHO)는 2002년 제2차 세계고령화회의를 준비하면서 '활기찬 노화'라는 개념적 틀을 발표하였는데 '활기찬 노화'란 고령사회 정책과 프로그램 개발을 위한 하나의 접근방법으로 구체적으로 노화과정에서의 삶의 질을 높이기 위하여 건강, 참여, 안전을 위한 기회를 최대화하는 과정을 말한다.

'활기찬 노화'는 노인들이 그들의 욕구에 따라 사회에 참여하고 생애주기를 통한 신체적 · 정신적 · 사회적인 안녕을 위해 스스로의 잠재력을 인지할 수 있도록 지원해 주는 것으로, 노인의 인권과 국제연합(UN)이 1991년 채택한 노인을 위한 5가지 원칙(United Nations Principles for Older Persons)인 독립, 참여, 보호, 존엄과 자아실현에 기초하고 있다(최희경, 2010). 이는 과거의 정책이 노인들을 수동적 대상으로 간주하는 욕구기반 접근(need-based approach)이었다면 이제는 노인들의 권리를 인정하는 권리기반 접근(rights-based approach)으로의 정책 변화를 강조한다. 활기찬 노화는 개인, 가족 그리고 국가를 둘러싼 다양한 결정요인들에 의해 영향을 받는데 문화적 가치와 전통, 성(gender), 경제적 요인, 개인적 요인, 건강과 사회서비스, 사회적 요인, 행동적 요인, 물리적 환경 등 복합적인 요인들에 의해 결정된다(박영란, 2011).

이러한 의미 변화는 곧, 노인을 활동적인 참여자로 볼 뿐만 아니라 발전의 수혜자, 능동적 기여자로 바라보는 패러다임을 요청하고 있다. 또한 노인들이 기여한 사회적 경험과 인생을 존중하고 그들이 살아온 문화 속에서 바라보고 이해해야 한다는 시각을 불러일으킨다.

3 사회문화적 관점에서 바라본 노화

1) 노화의 문화적 시각

활기찬 노화를 둘러싼 가장 큰 결정요인은 문화이다. 모든 개인들과 인구집단을 에워싸고 있는 문화는 활기찬 노화의 다른 모든 종류의 결정요인들에 영향을 미치기 때문에 우리가 늙어가는 방식을 규정한다. 문화적 가치와 전통은 우리 사회에서 노인과 노화과정을 어떻게 바라볼 것인가를 결정한다(오희철 외, 2010).

이는 문화적 맥락에서 노화를 보는 관점과 연결된다. 보부아르(Beauvoir)(홍상희 · 박혜경 역, 2002)는 노년을 총체성 안에서만 이해될 수 있고 단지 생물학적 현상이 아니라 문화적 현상이라고 주장하였다. 블레이크모어(Blakemore, 1997)는 문화적 · 인종적 요인들이 노화경험과 정책입안자의 노인에 대한 욕구 인식이 매우 의미 있는 영향을 미친다고 제시하였다. 이때 문화는 구별되는 생활방식의 모든 것을 받아들일 수 있다. 빌링엔과 르위스(Willigen & Lewis, 2006)는 문화적 노화의 핵심을 한 사람이 삶을 경험하는 생애과정이며 삶에 의미를 부여하고 이해하는 것이라 파악하여 문화적 맥락에서의 노화는 개인의 삶과 사회적 기능의 상황적 틀 속에서 의미를 이해하는 것이라 하였다(장경은, 2009).

문화적 맥락에서 설명되어지는 노화는 문화를 구성하는 요소인 관념, 신앙, 관습, 규범, 제도 등에 의해 규정지어지고, 개개인의 사회문화적 체계는 그 구조와 조직에 있어 현저하게 다르다. 따라서 문화적 가치에 따라 성공적 노화에 대한 인식은 매우 달라질 수 있다.

성공적 노화에 대한 미국 노인과 홍콩 노인의 인식을 비교 연구한 결과에 의하면, 미국 노인들은 지역사회에서 스스로 독립적으로 살면서 자신을 지속적으로 돌보는 것을 중요시한다면(Rowe & Kahn, 1997), 홍콩 노인은 가족들이 자신의 욕구를 만족시켜 주는 것을 중요시하는 것으로 나타났다(Keith, Fry, & Ikels, 1990).

서양 노인의 성공적 노화를 인식하는 요소로는 가족 참여, 직업 성공, 시민 역할 참여, 생활만족도, 활력(Crosnoe & Elder, 2002), 높은 교육수준과 사회적 계층, 확대 가족망을 가지는 것(Vaillant & Mukamal, 2001), 타인과의 상호작용, 개인적 성장, 자기수용, 건강, 독립성, 목적의식, 창의적 활동, 환경과의 조화(Fisher & Specht, 1999)를 들 수 있다. 한편 한국 노인은 성공적 노화를 신체적 건강, 개인 성장, 정서적 안녕, 자율성, 가족 지향, 경제적 안정의 6개 요인으로 지각하였다(강인, 2003).

본 연구는 노인들이 오랜 세월에 걸쳐 살아온 자신의 상황과 경험 그리고 지배적인 고유의 가치관에 따라 노화, 노후생활을 다르게 인식하고 이해할 것이라고 전제한다. 따라서 한국 노인의 시대적 · 문화적 경험은 그들의 노화와 노후생활을 형성하는 과정에서 영향을 미칠 수밖에 없다고 보았다.

2) 한국 노인의 문화

한국 노인들은 가족을 우선시하고 개인보다 타인과의 사회적 관계 속에서의 조화를 중시하는 가족주의와 유교주의적 가치관 속에서 살아왔다(백지은, 2006; 최혜경 외, 2005 재인용). 이는 성공적 노화의 개념을 인식하는 연구들을 통해서 잘 반영되고 있다. 한국과 서양 노인 모두에게서 신체적 건강을 유지하고, 살아가는 삶에 만족하며 행복을 느끼고, 가족과의 친밀한 관계를 긍정적으로 유지하고, 생활을 독립적으로 수행하고, 다양한 사회적 활동에 적극적으로 참여하는 것이 공통적인 요소로 나타났다. 하지만 국외의 연구들에서는 생산성, 자율성, 사회봉사활동에 참여하고 목표 의식을 더욱 중요하게 강조하는 반면, 한국 노인들은 가족관계 안에서 자기완성을 지향하고, 자녀를 통하여 자신의 삶을 완성하고자 하였다. 특히 한국의 청년기나 중년기보다 노인들의 세대가 가족의 관계 유지를 더욱 중요하게 여기는 것은 유교문화권에서 살아온 전통적인 가치관과 삶에 대한 태도 등을 반영하는 것이다(박형란, 2010).

즉, 우리나라는 전통적인 가부장적 사회 속에서 가족의 성공이 바로 나 자신의 성공이라고 동일시하는 경향이 존재하게 되었고, 결국 자녀의 성공은 부모의 성공이며, 자녀가 입신출세하는 것이 부모로서의 최선의 도리라고 생각하게 되었다. 이들은 한국전쟁, 산업화 등의 시대적인 상황 속에서 교육 기회가 제한되었으며, 경제적인 안정을 위해 끊임없이 노력하면서 살아온 세대이다. 이에 자녀만큼은 교육을 잘 받게 하여 자신이 살아오면서 겪었던 힘든 경험들을 전수해 주지 않고 보다 안정되고 평안한 삶을 이루기를 바라는 욕구가 강하다(백지은, 2006 재인용). 따라서 자신이 성공적인 노후생활을 영위하는 데 있어 자녀의 교육 수준, 건강, 취직 등이 매우 중요한 요소로 자리잡게 된다.

현 한국 노인은 일제강점기, 6.25 전쟁 및 산업화의 격동의 시대를 살아온 과도기적 세대이다. 역사적 격동기의 시대적 흐름 속에서 이들이 겪은 시대적, 문화적 경험은 개인의 가치관에도 큰 영향을 주었다. 이는 결국 노화과정에서도 반영되어 자신이 경험한 시대상에 비춰 현실을 직시하고 이해하는 것은 사회문화적 맥락에서 중요한 의미를 찾아내는 것이다.

4 한국 노인이 인식하는 노후생활: 노후생활 패러다임의 변화

성공적인 노후생활로 인식하고 있는 영역은 크게 5가지로 나타났다. 이는 젊고 건강한 노년의 삶을 지향(신체적), 자녀들의 입신출세를 기원(가족적), 경제력이 탄탄한 노후생활(경제적), 여가의 즐거움(여가적), 자신의 가치와 노력을 사회에 환원(사회환원적)으로 구분할 수 있다.

1) 젊고 건강한 노년의 삶을 지향

신체적 건강은 독립적인 생활을 의미하기 때문에 노후생활에 우선적으로 요구되는 요소이다. 연구참여자들은 객관적으로 관찰할 수 있는 건강상태뿐만 아니라 스스로 인지 가능한 주관적 건강인식도 매우 중요하게 생각하고 있다. 즉, 일상생활의 제약이 심할수록 신체적 건강상태를 그 원인으로 인식하였으며, 연구참여자의 삶의 질, 삶의 만족도에 영향을 미치고 있었다. 사회문화적 관점에서 살펴볼 때 건강에 대한 노인의 관심은 높음을 알 수 있다. 연령에 비하여 예외적인 건강을 자랑하는 노인을 소개하는 기사물, 건강을 지키기 위하여 꾸준히 신체적 단련을 하는 노인들의 모습, 노인의 건강 돌보기 방법 등에 대한 대중매체의 기사가 중요한 비중을 차지하고 있다. 즉, 노년기에 가장 중요한 것은 건강이라는 시각이 지배적이라 할 수 있다.

> 남이 볼 때는 모르겠으나 내가 복지관을 나올 만큼 건강한가 하는 생각도 들어. 내가 환경미화도 할 힘은 있어. 건강이 허락하지 않으니 뭐, 내가 건강만 하면 돈도 벌고 여가도 있고 그래. 난 부지런해.

내가 보는 노후생활은 건강이야. 건강만 하면 돈도 벌고 집도 갖고 자식들하고도 관계가 편안하지.
(참여자 7)

첫째는 건강, 건강해야지만 모든 일을 해나갈 수 있어. 나가서 박스를 줍는다고 하더라도 내가 힘이 있어야 박스를 줍는단 말이야. 건강이 첫째이어야 해. (참여자 8)

한국 노인들은 여전히 젊은이처럼 일하고 활기차게 생활하는 노인, 매일 꾸준한 운동으로 건강을 관리하는 노인으로 노후를 보내야 한다고 인식하고 있는 것으로 나타났다. 이들은 '늙지 않는 몸과 마음(ageless body, timeless mind)' 을 가진 건강한 연령층으로, 생산적 노인(productive aging), 활동적 고령자(active aging)로 인식되고 싶음을 알 수 있다.

집에서 할 일 없이 노닥거리는 늙은이가 되면 안 된단 말이야. 부지런히 다녀야 해요. 아직도 젊을 때처럼 힘이 있으니까 신문도 더 열심히 보고 책도 읽어야 해요. 그래야 시대에 뒤처지지 않는단 말이요. (참여자 8)

할머니란 말 듣기 싫어. 젊게 살아야지. 매일 꾸준히 운동해야 하지. 젊게 힘 있게 살아야 하지.
(참여자 3)

2) 자녀들의 입신출세를 기원

노인 자신들에게 있어 의미 있는 노후란 자녀들이 사회경제적으로 출세하는 것이라고 보았다. 특히 딸보다는 아들에 대한 걱정과 기대가 높았으며, 자신이 가진 재산의 일부를 자녀들에게 물려줌으로써 자녀들이 지금보다 나은 환경에서 생활을 유지할 수 있기를 기원하였다. 우리나라 노인들은 자녀들에게 물심양면으로 도움을 줄 수 있을 정도의 여유 있는 삶을 유지하여 다른 사람들에게 내세울 수 있고, 부러움의 대상이 될 수 있는 것을 성공적인 노후생활에 있어 중요한 부분으로 인식하는 사회문화적 가치를 갖고 있었다.

> 심리적으로는 이렇게 살다 죽으면 되지만 누구 원망은 안 해. 돈도 없고 빽도 없고…. 암튼 로또복권이나 당첨되어서 제발 우리 아들 잘되는 거, 그게 희망이지. (참여자 1)

> 내가 자식들한테 잘 했지. 땅을 200평 사서 아들들에게 원목집을 지어 한 채씩 주기도…. (참여자 8)

> 애들이 결혼해서 걱정 없이 살면 되고, 그저 마음 편하게 해주고 살아야 하는데 이 생각밖에 안 드니까…. (참여자 15)

그러면서도 연구참여자는 자신을 부양해야 할 사람으로 자녀들을 생각하고 있었다. 이는 여전히 노인 부양의 일차적 책임이 자녀에게 있음을 보여주고 있으며, 시대가 바뀌고 문화가 변모했지만, 아직도 전통적인 노인 부양에 대한 인식이 남아 있음을 알 수 있다.

> 애들이 다 건강해서 다행이야. 나중에라도 아프지 말고 자식들 그리고 손주들도 건강하게 살면 그게 행복이지 뭐야. 그리고 애들이라도 건강해야지 혹시 내가 아파도 돌볼 수 있겠지. 안 그래? (참여자 13)

3) 경제력이 탄탄한 노후생활

연구참여자들 중에서 저소득층 노인들은 정부에서 받는 기초노령연금, 기초생활

보장수급비로 최소한의 생활을 하고 있는 자신을 초라하고 보잘 것 없는 노인으로 치부해 버렸다. 결국 노후생활에서 경제력은 큰 의미를 가지고 있으며, 노인들의 일상생활 제약요인으로 '충분하지 못한 생활비'가 나타났다. 즉, 노인들이 성공적인 노후생활을 하기 위해서는 최소한의 품위를 유지하면서 살 수 있는 경제적 여유를 가질 수 있어야 한다고 보았다.

> 재산이라도 있어야 되겠지. 땅이라든지 뭐가 있든지…. 있어야 될 것 아니야. (참여자 11)

> 없는 사람하고 있는 사람하고 다르지. 경제가 우선이야. 무조건 자기 식구가 견딜 만큼만 쓰면서 저금해야 해. 근데 나도 내가 이렇게 되기 전까지만 하더라도 없는 재산에 20억은 돼. 근데 (자식들에게 다 주고 난) 내 신세는 처참하다고 볼 수 있어. 한 마디로 돈이 있어야 노후생활도 편한 거야.
> (참여자 15)

> 노인대학 같은 데 가도 별로고 또 가면 돈이고 늘 돈이야. 돈이 가장 신경 쓰이지. 그러니까 일을 구해야겠다 싶어요. 만나면 돈을 쓰는 거니까. 그래서 친구들도 잘 안 사귀어. 복지관에 오면 여가는 해결이 되는데 사실상 돈이 없고 안 받쳐 주니까 별로야. (참여자 12)

일의 의미와 가치에 대해서는 60대에서 70대의 노인들에게서 일할 의향이 큰 것으로 조사되었으며, 80대 이상은 건강이 허락하지 않아 일할 의향이 적은 것으로 나타났다. 즉, 참여자에게 일의 의미는 금전적 보상과 더불어 자신의 가치를 인정받는 것으로 여기고 있었다. 자신은 노화되어 가고 있지만 무엇이라도 할 수 있으면 하려고 하는 모습을 찾아볼 수 있었으며, 의존하지 않고 독립적인 모습을 유지하고자 하는 의지를 발견할 수 있었다.

> 성공적인 노후생활은 미화작업도 하고 파손된 거 손도 보고…. 한마디로 일을 구하는 거야. 그게 성공적인 노후를 보내는 거야. 그러니 내가 일이라도 좀 갖고 사는 것이 편안한 거 아니겠어.
> (참여자 7)

나이 들었다고 안 나가면 안 돼. 지금 70대라도 나가서 돈 벌면서 살아야지. (참여자 9)

일을 하고 싶어. 소일거리라도 좋으니…, 복지관에 나와도 내 가치가 인정받는 거 같지 않아.
(참여자 12)

4) 여가의 즐거움

60, 70대는 노인복지관, 문화센터에서 컴퓨터, 댄스 수업 등을 배움으로써 여가에 큰 관심을 갖고 있었다. 이들에게 여가는 단순히 휴식과 오락 차원을 넘어 생산적이고 의미 있는 활동을 하려는 시도로 나타나고 있었다. 하지만 80대 이상의 고령노인들은 여가라는 개념 자체를 이해하기 보다는 남은 인생을 쓸쓸하지 않게 보내기 위해 특별히 할 일이 없어도 경로당, 복지관을 이용하고 있었다. 이런 결과는 향후 노인복지가 지향해야 할 성공적 노후생활의 범위 속에 '활기찬 노화' 의 개념이 녹여져야 할 필요성을 더욱 크게 부각시키고 있음을 볼 수 있다. 즉, 경제적 보장만 아니라 활기찬 노년을 보낼 수 있도록 여가적 측면에서의 사회서비스가 더욱 확대될 필요성이 제기된다.

남들은 다들 나더러 너 외로워서 어떡하냐? 쓸쓸하지 않냐? 하는데 나는 외롭지도 않고 쓸쓸할 조차도 없어요. 하루 24시간이 모자를 정도죠. (중략) 남은 여가시간에 내가 그동안에 익혀왔던 컴퓨터라든가 인터넷 들어가서 내가 좋아하는 것을 찾아보는 것…. (중략) 이런 거에 취미 붙이고….
(참여자 5)

평소 꿈꿔왔던 거 있잖아요. 나는 나이가 들면 사교 댄스나 댄스 스포츠 같은 거 꼭 한 번 배워보고 싶었어요. 근데 요즘은 복지관에서 그런 거 다하니까. (참여자 11)

연구참여자들은 특정한 목적을 두지 않고 습관적으로 복지관에 나오고 있었다. 이들은 별다른 활동을 하지 않고 끼니만 해결하고 가는 것만으로도 충분히 즐기는 삶을 살고 있다고 인식하였다. 이처럼 또래 노인들을 접하고 대화를 나눌 수 있는 공간으로서 의미가 있는 것으로 나타났다. 이는 지역사회 내 노인복지관이 노인들의 여가적인 욕구를 해소하는 매우 중요한 역할과 기능을 수행하고 있음을 보여준다.

어떤 날은 가만히 앉아있기 싫거든. 그래도 복지관 나와서 얘기 많이 해요. (참여자 1)

복지관 나오는 게 남은 인생에서 위안이 되지. (참여자 7)

연구참여자들은 경로당, 이장단, 노인회, 동아리 등에 활발하게 참여하는 편이었으며, 자신의 마음을 공유할 수 있는 친구를 만나는 것을 성공적인 노후로 인식하고 있었다. 특히 나이가 들수록 다양한 고민을 함께 나눌 수 있는 친구나 단체가입을 통해 대인관계를 형성하고자 하였다.

작년 연말까지 게이트볼 부회장, 지금 그라운드 골프모임도 참석하고, 경로당회장, 이장단 하고 있지. 그 당시 실버 모델을 하고 그러니 지역사회를 잘 알지. 이런 활동들이 내겐 노후죠. (참여자 2)

5) 자신의 가치와 노력을 사회에 환원

노인복지장기발전계획 수립, 노인장기요양보험법 제정, 기초노령연금법 제정 등 김대중 정부와 노무현 정부를 통해 노인들의 노후생활 보장을 위한 정책적 · 제도적 장치가 구체화되면서 많은 노인들이 기본적인 생활을 할 수 있게 되었다. 그러면서 어느 정도 생활이 안정적으로 가능한 노인들이 사회를 향해 봉사하고 자신의 역량을 사회에 환원하고자 노력하는 모습이 크게 증가하였다.

연구참여자들은 노후를 즐겁게 보내기 위해 베풀어 주는 삶을 추구하게 되고 자원봉사활동을 시작하게 된다. 자원봉사활동을 함으로써 타인에게 도움을 주는 삶이 곧 가치를 인정받게 되는 길임을 깨닫게 되고, 남은 노후를 긍정적으로 인식하는 계기가 된다.

> 내 생각에는 그냥 가만히 있으면 안 되고, 뭔가 조그만 일이라도 했으면 좋겠더라고, 작은 일이라도 시간을 보내기 위해서 또 건강을 위해서…. 또 수입을 떠나서 뭔가 하는 일이 있어야겠더라고요. 그래서 시작하게 됐죠. (참여자 11)

> 내가 할 수 있는 거 봉사 좀 하면서…. 그게 하나의 일이잖아요. (참여자 14)

참여자들은 교육의 기회가 있었어도 이를 유지하지 못한 것을 후회스럽게 여겼으며, 자격증을 취득한다거나 배움의 기회를 통해 자신의 능력을 개발하고 전수하려는 의지를 갖고 있었다. 흥미로운 점은 전문경험을 전수하고자 하는 욕구가 고학력 노인들에게 나타나고 있었으며, 저학력 노인들은 자원봉사의 형태로 나타나고 있었다. 결국 자신이 가지고 있는 다양한 기술, 지혜, 경험 등을 어떠한 형태로든지 전수하고자 하는 의지를 갖고 있었다.

> 내가 하고 싶은 전문적인…. 내가 영어영문학과를 나왔는데 살다가 보니까 노인이 되어서 다 잊어먹고 그랬어요. 그걸 활용하지 못하고 산 것이 후회가 되고, 그래서 전문적인 자격증을 딴다든가 내가 한자, 영어 이런 거를 전문적으로 해서 좀 알려주고 싶어요. 봉사로든지 내가 가진 것을 좀 나눠주고 싶더라고요. (참여자 6)

> 구체적이라기보다는 내가 초등학교에 근무하면서 컴퓨터에 관심이 많았어요. 그러다가 자격증 시험

을 봤는데 떨어졌죠. 도전을 안 하고 6, 7년 지났어. 근데 지나고 보니 너무 아까운 거야. 내가 따서 봉사를 하고 그러면 얼마나 좋았을까 해서 열심히 이것도 해보고 저것도 해보고 싶어서 다니거든요. 자격증을 따서 봉사를 하고 싶어요. (참여자 14)

5 한국 노인의 노후준비 인식: 노후대책의 미흡과 뒤늦은 준비

1) 노후준비 인식

노후를 준비해야겠다고 인식할 때쯤 너무 늦어버린 시기인 것을 알게 된다. 연구참여자 7, 8은 자식농사로 노후준비를 늦게 시작했으며, 연구참여자 10은 노후준비에 별다른 관심을 쏟지 않다가 너무 늦은 시점임을 알게 된다. 이와 같은 연구참여자들에게서 나타난 본 연구의 결과는 개인적 차원에서만이 아니라 과거 우리나라의 노인복지정책의 기조에 따른 자연스런 현상이기도 하다. 실제로 1980년대까지만 해도 우리나라 노인복지정책은 견고한 '효' 사상에 기초해 있었고, 이는 요보호 노인들을 주 대상으로 하는 구호사업의 형태가 노인복지의 주류를 이루고 있었다. 더욱이 사회문화적 상황도 지속적인 경제개발 중심의 사회기조 속에서 청장년세대가 노후에 대한 준비보다는 지금 눈앞에 주어진 현실적 문제 해결에 몰입되게끔 하였다. 따라서 많은 노인들이 노후준비의 시기를 놓쳤을 가능성이 높을 것으로 판단되며, 본 연구의 결과는 그와 같은 예상을 뒷받침하고 있음을 볼 수 있다.

계획이 안서네. 아들 키우고 일 다니고 하니까 노후를 준비하는 게 늦은 거지. (참여자 7)

시점을 잘못 잡았어요. 노후준비를 한 시점은 음, 75세…. 너무 늦어버린거죠. (참여자 8)

노후준비를 젊었을 때는 못하고요. 지금 생각하면은 해놨겠지만 그래도 나이 먹어서 해도 괜찮겠다 싶은 생각이 들었어요. (참여자 10)

연구참여자들은 노후대책을 생각할 만큼 경제적 여력도 없었지만, 시대적인 상황 속에서 노후생활을 인식하지 못했다. 연구참여자 10은 시골이다 보니 돈을 모으지 못해 소유한 땅이 그저 '노후'라고만 인식해 왔다. 반면 연구참여자 14는 자녀들이 노후를 책임져 주지 않을까 하는 기대를 갖고 있었다.

우리 때만 해도 노후대책이고 뭐고, 그런 건 없었어요. 그 시대는 그랬어. (참여자 4, 11, 12)

노후준비를 한 적은 없어요. 시골에 살다보니까요. 그냥 뭐…. 그 전에도, 노후준비라고 해 봐야…. 저기…. 그 전에는 우리 뭐 돈을 모아놓거나…. 시골이다 보니까 그런 게 없잖아요. 그냥 땅이나 뭐 조금 장만하는 거였지. 노후대책 같은 걸 몰랐어. (참여자 10)

전 40대에도 못 느꼈어요. 내가 자식 가르치면 우리를 어떻게 해주지 않을까 20년 전이니까…. (참여자 14)

2) 노후자금을 마련하는 방법

연구참여자들은 젊은 시절부터 노후자금을 마련해 온 것이 아니라 이미 소유하고 있던 부동산이나 매달 지급되는 용돈, 연금 등을 통해 노후생활을 보내고 있었다. 좀 더 일찍 노후준비가 이루어졌더라면 지금보다는 훨씬 더 안정적인 생활이 가능했을 것이다. 그래서 한편으로는 자기만의 비상금을 마련하여 노후의 경제적 불안감을 최소화하려는 노력도 시도하였던 것으로 보인다.

(1) 연금이 힘이 됨

연구참여자들은 기초생활수급비, 기초노령연금, 국민연금, 사학연금 등 공적 소득보장제도의 혜택을 받고 있었지만 연금의 종류에 따라 금액은 천차만별이었다. 그럼에도 불구하고 이들에게 연금은 '정확한 날 어김없이 입금되는 효자 중에 효자' 라고 할 정도로 신뢰하고 있었다.

> 노령연금 타는 것 밖에 더 있나. 재산이 적으니 7만 2천 원 타는 거지. 체념한 거지. (참여자 1)

> 국민연금 받아요. 국민연금은 날짜 한번을 안 어기고 딱 주잖아요. (참여자 6)

> 50세가 되니까 연금이 나오더라고요. 아 그때 정말 감사하더라고요. 노후까지 책임져 주는구나. (참여자 14)

(2) 부동산을 마련함

농촌지역에서 오랫동안 생활해온 연구참여자들은 젊었을 때부터 소유하고 있던 땅, 주택 등이 부동산 경기가 좋았을 때에 가격이 크게 상승하여 노년인 지금 노후대책의 가장 든든한 자원이 되는 것으로 나타났다.

> 집세 나오는 거 갖고 살아. 난 완전 부동산 가지고 사는데…. (참여자 3)

상가 같은 거 하나 있는 게 얼마나 고마운지 몰라. 거기서 세나 받는 거지. (참여자 11)

가지고 있던 아파트로 준비한 거죠. (참여자 13)

(3) 자녀들에게 의지함

연구참여자 9는 큰 아들이 매달 부쳐주는 100만 원으로 생활하고 있었다. 연구참여자 2도 대기업에서 근무하는 아들에게 용돈을 받고 있었다. 자녀들에게 용돈을 받는 경우는 적게는 10만 원에서 많게는 100만 원으로 비용이 다양하게 나타났다.

자식들한테 50만 원 받고 있어. 5년 전이 50만 원인데 지금도 그대로야. (참여자 2)

아들이 100만 원씩 줘요. 며느리가 교사생활한 지 25년, 아들도 포항에서 선생하고 있어요. (참여자 9)

(4) 비상금을 마련해 둠

일정한 수입을 기대하기 어려운 현실 속에서 의료비 등 예상치 못한 지출이 발생할 가능성이 높기 때문에 불안심리의 기제로 일정 금액의 비상금을 마련하기도 하였다.

내가 그냥 혼자 산다 이거야. 안 쓰고 모은 게 100만 원 있어요. (참여자 1)

내 밑천은 안 줬어요. 비상으로 얼마 챙겨둔 거 있어. (참여자 13)

3) 노후준비 대책

(1) 젊었을 때부터 노후를 준비해야 함

뒤늦게 노후준비를 시작한 연구참여자들은 젊었을 때부터 안정된 노후를 꿈꾸며 준비하는 습관을 들이는 것이 중요하다고 보았다. 연구참여자 14는 적어도 40대에는 노후를 생각할 나이이며, 대책을 마련해 둘 필요가 있다고 하였다. 그리고 연구참여자들이 말하는 노후준비는 '연금' 으로 이어졌다.

노인이 되어보니까 꼭 필연코 해야 할 사항이 젊었을 때부터 노후준비를 계획적으로 해야 한다는 거예요. (참여자 6)

노후준비의 필요성을 못 느꼈지. 요즘 주변 친척을 볼 때마다 아, 40대에는 적어도 시작을 했어야 했는데. 우리 아이들한테 부지런히 연금 넣어라. 부지런히 앞으로 대책을 세워라 하지. (참여자 14)

(2) '소득보장연금' 은 필수임

연구참여자들은 가장 필수적인 노후준비 대책으로 연금을 꼽았다. 그 중에서도 국민연금의 비중이 가장 높았으며, 개인연금, 보험 순으로 나타났다. 노후의 생활자금을 확보하고, 빈곤방지를 위해 노후연금은 매우 필수적인 방법으로 인식하고 있었다.

국민연금은 들을(가입할) 필요가 있고요. 국민연금은 필수라고 봐요. (참여자 5)

어떤 연금이든지 넣어야 해. (참여자 6)

수입이 있으면 노후연금에 들었으면 좋겠고, 지금 주택이 재산가치가 떨어지고 있으니 아직 우리나라 상황에서 보려면 그래도 연금을 들어두는 것이 안정적이지 않을까. (참여자 13)

(3) 확고한 노후준비 인식이 요구됨

연구참여자 4는 자녀들의 유학자금, 결혼자금을 대주었지만, 적어도 두 내외가 먹고 살 정도의 자금은 챙겨둘 필요가 있다면서 확고한 노후준비 인식을 가져야 한다고 하였다. 자녀들이 돈을 요구해도 현재의 상황을 냉철하게 판단하고 인식하는 능력이 있어야 한다고 보았다.

> 난 항상 라인을 정해놓고 (자식들이) 아무리 돈을 달라고 해도 내가 형편이 안 되면 안줘. 어떻게 보면 그 돈을 안 줘서 오히려 잘 되는 경우도 있어. 어쨌든 노후에 어떻게 보내야 할지를 우리가 알고 계획해야지 안 그럼 못해. (참여자 4)

(4) 사회에서 일부 책임져야 함

연구참여자 1은 건강, 경제력이 뒷받침되지 않은 고령자를 위해 정부에서 좀 더 소득보장에 관심을 기울일 필요가 있다고 보았다. 연구참여자 7은 노인이 되어 경제력 상실로 인해 앞날이 막막하다며 정부의 도움이 시급하다고 보았다.

> 노령연금을 받고 있지만, 뭔가 우리들 나이에 맞는 혜택이 있었으면 좋겠어. 너무 부족하고, 또 노후준비를 제대로 못한 세대니까 말이지. 사회가 좀 나섰으면 해. (참여자 1)

> 내 책임도 있지만 사회에서도 좀 도와줬으면 좋겠어. (참여자 7)

6 노년기 꿈과 현실의 격차

자신이 계획하고 꿈꿔왔던 노후생활과는 다르게 현실은 늦어진 노후준비와 경제적, 신체적인 난관에 부딪치면서 커다란 격차가 생기게 된다. 이러한 격차는 연구참여자들로 하여금 '자녀들에 대한 원망'과 '현실 부정', '신체적 고통', '경제적 대책 미흡', '생애주기의 연장선에서 오는 경험' 등으로 나타나게 된다. 이는 다음 | 그림 2-1 |로 설명할 수 있다.

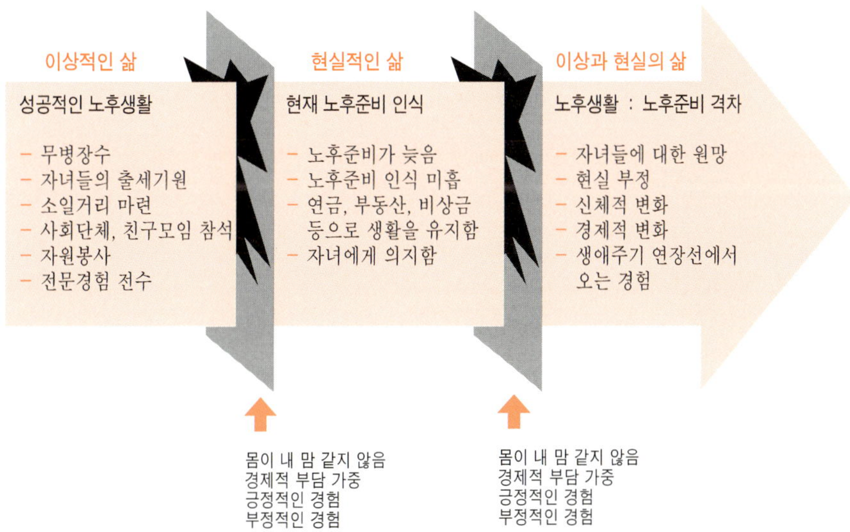

| 그림 2-1 | 노후생활과 노후준비 인식에 따른 현실 격차

1) 자녀들에 대한 원망

연구참여자들을 가장 힘들게 하는 것은 자녀들에 대한 원망과 서운함이었다. 자식농사에 한평생을 매달린 세월은 결국 자녀들에게 의지하고 기대고자 하는 심리를 부추긴다. 하지만 자녀가 매달 용돈을 보내오는 것도 아니고, 연락마저 끊은 자녀들의 모습을 볼 때마다 투자한 만큼 받지 못한 원망감이 이들을 힘들게 하고 있었다.

연구참여자 4는 어쩌다 한두 달 자녀들에게 용돈이 끊길 때면 막막함을 느낄 정도로 생활의 빠듯함을 느낀다. 자신이 자녀들에게 투자한 것에 비하면 용돈을 끊은 자녀들이 원망스럽지만 차마 이를 표현하지 못하고 살아간다. 연구참여자 6은 자녀에게 유학비, 결혼자금을 투자했지만 정기적으로 용돈을 주지 않는 자녀에게 서운함을 감추지 못하였다. 젊었을 때는 자녀에게 투자한 만큼 노후를 책임져 주지 않을까 하는 기대감이 있었지만 정작 되돌려 받은 것은 기대 이하의 수준임을 알 수 있다.

아들이 주는 것은 15일 날 안 그러면 20일 날 들어오지. 또 어려운 달에는 한 달 빠지고, 그 다음 달에 주고, 정기적으로 안 주지. (참여자 4)

우리 큰 딸 유학을 시켰어. 일본에 5년 동안 있으면서 돈을 대준 게 몇 억이 들어가. 그렇게 열심히 바쳤는데 지금은 뭐, 필요하면 돈 백 만 원씩은 주지만, 정기적으로는 주지는 않아. 정기적으로 용돈 20~30만 원을 딱딱 주는 것이 아니고. (참여자 6)

연구참여자 15는 30년 만에 얻은 아들 둘을 귀하게 키웠지만 큰 아들은 사업실패, 작은 아들은 미국에 거주하여 연락이 뜸한 상태이다. 부모로서 자식들의 연락을 간절히 바라고 있지만 낳은 고생에 비해 제대로 대접받지 못한 것 같다고 생각하고 있었다. 결국 “이거 내가 세상 잘못 산거지 뭐. 내가 남한테 원망하는 게 아니라 내가 잘못한 거지."라는 체념으로 이어지고, 이는 남은 노후를 부정적으로 인식하게 만드는 요인이 된다.

> 생각나면 연락하는 거야. 지도 관심이 없는 거야. (참여자 6)

> 30년 만에 하나 낳아서 손에 흙 안 묻히고 키웠단 말이야. 여름에 땀띠가 나도록 안고 다녔는데 그 자식이 이걸 다 털어먹고 손주 하나는 서울이면 가까운데…. 기름값이 많이 든다고 못 온다고 하고. (참여자 15)

2) 현실 부정

연구참여자들은 무언가를 새롭게 시도하기에는 자신의 나이가 너무 늦었다고 인식하고 있었으며, 그 결과 '매일매일'의 삶은 하루하루가 반복되는 일상일 뿐 더 이상 희망이 존재하고 있지 않다고 여기고 있었다.

> 고려시대에 70(세가) 넘으면 다들 산에 두고 왔어. 고려장이라고 하지. 내가 딱 그 신세야. 보릿자루 같은 신세야. 이제 때가 됐어. (참여자 1)

> 나한테는 그날이 그날이야. 노후준비를 어떤 길게 보는 거보다 난 그날이 그날이라고. 이게 자식들, 아내한테 의존해서 살아온 탓도 있겠지. 하지만 80이 넘었잖아. 이젠. 더 이상 희망이 없어. (참여자 7)

연구참여자들은 지나온 세월에 대한 후회와 아쉬움이 큰 것으로 나타났다. 이런 결과는 노후생활에 대한 구체적인 계획과 준비가 없으면 실제 노후생활이 매우 힘들 수 있으며, 그에 따라 정서적 안정감의 수준이 크게 낮아질 수 있음을 보여준다고 판단된다.

시방도 그때 안 죽은 게 후회스러워. (참여자 1)

내 노후준비는 만족스럽지만 후회가 되는 것이 많죠. (참여자 6)

가시밭길을 걷는 것 같은 불안감을 느끼고 있다는 연구참여자의 진술은 꿈꿔왔던 노후생활과 현실과의 격차가 큰 것을 알 수 있다. 이러한 격차는 연구참여자들로 하여금 불안감, 우울감, 신체화 장애[1] 등을 동반한 심리적 장애를 일으킬 수 있으며, 노인들이 인생을 행복하게 느끼지 못하게 하는 방해요인이 될 수 있다고 본다.

노후가 불안해. 사는 게 늘 불안해. (참여자 7)

안 그러려고 해도 눈만 뜨면 불안해지는 거야. 한마디로 누가 잡으러 오는 것 같은 그런 기분이 들어. (참여자 15)

결국 늙음이라는 의미와 현실을 긍정적으로 수용하지 못하는 연구참여자의 모습 속에서 현실을 부정하게 되고, 이는 삶의 전반적인 부분에 부정적인 영향을 미치는 것으로 볼 수 있다.

노후생활에 대해서는 상당히 어려웠어요. 마음이 허락을 안 해줘서. 내가 늙었다는 걸 허락을 못해. (참여자 8)

---

1) 신체화 장애는 의학적으로 원인을 알기 어려운 신체적 불편감과 증상을 호소하지만, 실제로는 심리적 요인이나 갈등에 의해 나타난 것으로 판단되는 증후군이다.

3) 신체적 변화

연구참여자 1은 병을 달고 사는 자신의 모습이 초라하고, 더 이상 삶을 유지하고 싶은 마음도 생기지 않는다. 결국 3번의 자살을 시도하지만 계획대로 되지 않자 죽지 못해 살고 있다며 고통을 호소하고 있었다.

> 내가 7년 전에 하도 아파서, 왜냐면 몸이 안 좋아서. 아프니까 병원은 가야 하는데 돈은 없었어. 그때 주변에 다 내가 죽는다고 했거든. 약을 먹으려고 했는데, 약을 먹어도 농약은 구하려면 구할 수 있었는데. 인자 빌라에서 떨어져 죽으려고 했어. (참여자 1)

> 어떤 때는 아이구 내가 항상 몸이 좋지 않으니 언제까지 이 모양으로 살겠나. 이 생각이 들어. (참여자 1)

> 아무것도 준비하지 못한 거야. 몸도 아파서 병원비 나가고 그리고 기억력도 없고, 뭐 하루하루 지내는 거야. (참여자 7)

4) 경제적 변화

연구참여자들을 힘들게 하는 요인 중 하나는 단연 경제적 부담감이었다. 수입이 줄어들어 의료비, 주거비 등을 마련할 방편을 찾지 못하고 빈곤을 경험하게 되기도 한다. 이러한 상황에서 우울증을 앓기도 하고 자존심이 상하는 느낌을 가지면서 심리 · 사회적으로 위축되기도 하는 것으로 나타났다. 이와 같은 결과는 활기찬 노후생활을 실현하기 위해서는 경제적 안정이 매우 중요함을 보여주고 있다.

> 제일 어려운 건 경제적인 게 안 받쳐주니까 힘들더라고요. 그러니까 우울증도 오고 이러는 것 같아요. (참여자 4)

경제적인 부분은 늘 막막해. (참여자 7)

생활이 빠듯하고 간신히 살아요. (참여자 13)

돈이 없으니 자존심이 엄청 상하고 자꾸 주눅이 들어. 사람이 참 초라해지지. (참여자 14)

5) 생애주기의 연장선에서 오는 경험

연구참여자들이 인식하는 노후생활과 현실과의 차이는 긍정적인 경험과 부정적인 경험으로 구분해 본다. 즉, 긍정적인 경험을 토대로 이를 유지해 나가고 싶은 욕구와 부정적인 경험이 삶의 연장선상에서 연구참여자들에게 영향을 미치고 있었다.

(1) 긍정적인 경험

긍정적인 경험은 삶 가운데 커다란 영역으로 자리잡게 된다. 연구참여자들은 이러한 경험을 토대로 안락한 노년을 보낼 것이라는 희망과 안도감으로 노후를 맞이한다. 이러한 감정은 자신의 삶을 성공적으로 유지하고자 하는 심리로 나타나고, 결국 현실과의 괴리를 인식하게 되는 원인이 된다.

당시 먹고 살기 힘든 시절이었는데 양장점으로 한 몇 십억을 벌었지. 정말 힘들게 모은 돈이었고, 내 인생에서 가장 큰 성공이었지. (자수성가, 참여자 15)

정년퇴직하고 회사에서 나에게 식당을 관리하라고 했어. 사장이 나를 잘 본 모양이야. 나를 ○○○ 협의회 사무국장 일을 준거야. 강남 압구정동에 사무실을 얻어놨대. 그래서 난 복도 좋게 거기로 갔어. 가니까 차 나오지, 경비 있지, 운전수 있지, 퇴직했는데도 회사 사장이 나를 믿은 거지.

(회사에서 인정받음, 참여자 2)

내가 회사에서 그룹의 사장을 하다가 그때는 봉급이 좀 많으니까…. 그래도 몇 천 명을 부린 사람인데…. (간부급 생활, 참여자 6)

(2) 부정적인 경험

부정적인 경험은 연구참여자들이 노후를 준비하는 데 큰 걸림돌이 된다. 연구참여자들 대부분은 새로운 삶을 시작해 보기도 전에 노년기를 맞이하게 된다.

남편은 ○○그룹 지점장까지 있었는데 회사가 어려워지면서 명퇴를 했어요. 자기는 명퇴 안 될 줄 알았는데 명퇴가 되니까 사람이 이상해지더라구요. 자리 좀 알아본다고 하더니 사람이 일순간에 그렇게 되더라구요. 도박으로 허물어져서 그렇게 된거죠. 기절했어요. 완전, 일순간에 도박에 빠진 거지. 나중에 카드니 뭐니 어디서 막 압류가 들어오고 정신없이 그렇게 되더라고요. 그래서 폭삭했어요. (남편의 도박, 참여자 13)

내가 ○○구청 앞에 당구장을 차렸어. 초기 자본이 4천 5백만 원, 근데 그때 김영삼 대통령이 점심시간에 일절 못 나가게끔 한거야. 그러니 당구장이 안 되지. 그래서 망했어. (중략) 그리고 나서 편의점을 운영했어. 그때 4백만 원을 가지고 알바, 전기관리 등을 쓰는데, 이게 한 달에 돈 1백만 원 이상 손해를 봐. 알바생이 물건을 뺄 수도 있고, 그러니 이걸 3년 만에 세를 줬어.

(사업실패, 참여자 2)

지금은요. 그렇게 생각해요. 내가 남편을 잃었을 때, 그 슬픔은 이루 말할 수가 없어요. 하늘이 무너져 내리는 거지 뭐. (사별, 참여자 5)

생애주기의 연장선에서 오는 경험은 긍정과 부정적인 경험으로 나뉘지만, 연구참여자들이 이를 대처하는 방식에 따라 노후생활에 큰 영향을 미치기도 한다. 연구참여자 2, 5는 사업실패, 사별로 인한 아픔을 사회단체나 친구 등과 같은 모임에 참여하며 긍정적으로 승화시켰지만, 연구참여자 13은 무언가를 새롭게 시작하기 전에 자녀들에게 의지하게 되고, 자신이 꿈꿔왔던 노후와 현실에 대한 차이를 더욱 더 크게 느끼게 된다.

7 성공적인 노후생활을 향한 소망

성공적인 노후생활을 향한 소망을 실현하기 위해 다음과 같은 5가지 노인복지실천 과제를 제안하고자 한다.

첫째, 노후생활과 노후준비 계획에 대한 의식을 강화하고 교육을 제공할 필요가 있다. 연구결과 연구참여자들의 노후준비 인식정도와 준비정도가 상대적으로 낮은 것으로 조사되었다. 뿐만 아니라 이상적인 노후생활 영역이 다양하게 도출되면서 노후생활과 노후준비 계획에 대한 교육 및 의식제고의 필요성이 시급히 요청된다. 또한 노후준비는 노년기에만 국한된 것이 아니라 청년, 중년 시절부터 중요하게 인식되어져야 하며, 노후를 성공적으로 보낼 수 있는 방안과 대안의 중요성을 교육하고 의식을 제고하는 것이 중요하다. 따라서 현재의 노인세대와 예비 노인세대를 구분하여 성공적인 노후생활과 노후준비를 목표로 한 교육을 다양화할 필요가 있다.

둘째, 성공적인 노후생활은 특정한 영역에서 성공하는 것을 의미하는 것이 아니라 다양한 요소들이 긍정적인 방향으로 통합되어져 갈 때 의미가 더해진다. 본 연구결과는 연구참여자들이 인식하는 노후생활은 신체적 · 가족적 · 경제적 · 여가적 · 사회환원적 측면으로 나타났다. 이는 노후생활 영역이 상당히 다양해지고 있음을 의미한다. 결국 건강, 가족, 경제, 여가 영역 등에서 생활에 스트레스를 주는 요인들이 발생할 경우에 이는 다른 영역에 유기적인 영향을 미칠 뿐만 아니라 일상생활을 유지하는 데 장애요인이 되기도 한다. 따라서 노년기에 요구되는 생애주기별 영역에 따라 통합적 관점에 입각한 정책적 · 실천적 개입이 이루어져야 한다.

셋째, 현재 노인세대를 대상으로 한 소득보장제도를 강화할 필요가 있다. 본 연구결과는 60대보다 70~80대 노인들의 경우 노후준비에 대한 인식이 낮고, 노후준비도 늦어진 것으로 나타났다. 이는 오늘날의 노인복지정책이 현 노인세대에 대한 시대적, 경제적 배경을 고려하지 않고 늘어가는 노인인구에 초점을 맞춘 결과이기도 하다. 노인의 노화경험을 반영한 복지정책은 이들이 가진 긍정적 측면을 강화하여 독립적인 생활을 할 수 있도록 지원해야 하며, 부정적인 측면은 감소시켜 생활의 어려움을 해소하는 방향으로 나아가야 한다.

넷째, 생애사건에 대한 적응과 대처방식에 대한 개입이 필요하다. 본 연구결과는 노후생활과 실제 노후준비에 대한 현실격차 요인 중 하나가 생애주기에 경험하게 되는 긍정적, 부정적인 경험이다. 부정적인 생애사건을 대처하지 못하고 삶의 악순환을 끊지 못하여 결국 더 이상 삶의 의미를 찾지 못하는 이들은 에릭슨(Erikson)이 말하는 노년기의 발달과업인 자아통합보다는 절망에 가까운 과업을 경험하게 된다. 또한 문제해결을 위한 적극적 대처방식의 부재는 노후의 스트레스를 완화하거나 예방할 수 있는 적극적 적응행동, 더 나아가서 사회적 지지 및 자원 확보의 실패로 이어지며, 결국 성공적인 노후생활을 인식하는 데 실패하는 요인으로 작용한다고도 볼 수 있다. 따라서 부정적인 생애사건을 경험하고 이를 극복하지 못한 노인을 위한 상담 및 위기관리 프로그램 개입이 필요하며, 보다 의미 있고 성공적인 노후생활을 지원하기 위하여 자서전, 유언장 작성, 성공적인 유산상속, 노후생활설계 프로그램이 필요하다.

다섯째, 현 노인세대뿐만 아니라 예비 노인세대를 위한 노후생활설계는 빠르게 변하는 사회현상에 대한 대처능력의 향상과 신체적 · 정서적으로 건강한 노년을 보내기 위해 필수적으로 요구된다. 연구결과를 보면, 꿈꿔온 노후생활과 노후준비에 대한 현실격차가 경제적 · 심리적 · 신체적 요인으로 나타남으로써 노후생활에 대한 통합적인 관점에서의 노후생활설계가 요구되어진다. 본 연구결과를 토대로 한 노후생활설계 영역은 '노인 대상 정책 및 서비스 안내', '노년기 사회적 관계망 확대', '맞춤형 여가지원', '신체 및 정신건강 서비스 지원', '자산관리 및 시니어 창업', '일자리 지원' 등으로 도출해 볼 수 있다. 노후생활설계는 고령화에 대응하는 데 소요되는 막대한 사회적 비용을 절감하고 고령화 사회를 새롭게 만들어 가는 제도적 장치로서의 역할을 담당할 것이다.

제3장

노후생활설계의 이해와 내용

1_ 장수리스크와 노화에 대한 인식

2_ 노년기와 노후생활의 이해

3_ 노후생활설계의 이해

4_ 행복한 노후를 만드는 6가지 방법

뉴욕의 어느 주택가에서 일어난 일이다. 제과점 앞을 지나가던 불량배가 유리창을 깼다. 가게주인은 놀라 달려 나갔지만 불량배는 달아났고 피해는 생각보다 크지 않았다. 주인은 깨진 유리창을 종이로 적당히 가리고 그냥 넘어갔다. 얼마 후 가게 앞에는 쓰레기가 쌓이고 벽에 낙서가 생겼다. 그러자 깨진 유리창을 방치한 제과점에는 손님들이 점차 줄더니 제과점 주변은 어느 새 동네 불량배들의 싸움판이 되었다.

이 사례는 건물 주인이 건물의 깨진 유리창을 그대로 방치해두면, 지나가는 행인들은 그 건물을 관리를 포기한 건물로 판단하고 돌을 던져 나머지 유리창까지 모조리 깨뜨리게 되고, 그 건물에서는 절도나 강도 같은 강력범죄가 일어날 확률도 높아진다는 점을 말해주고 있다.

1982년 범죄학자 제임스 윌슨(James Wilson)과 조지 켈링(George Kelling)은 유리창처럼 사소한 것들을 방치해 두면, 나중에는 큰 범죄로 이어진다는 '깨진 유리창 법칙(Broken Window Theory)' 을 월간잡지 ≪Atlanta≫에 발표하였다. 깨진 유리창 법칙은 노화에도 적용이 가능하다. 수정처럼 맑은 제과점의 전면유리와 같았던 아름다운 청춘이 주름진 피부와 백발, 구부러진 허리와 노화로 인한 신체 각 부분의 결여된 모습 등 신체적 결점들은 깨진 유리창과 비교할 수 있다. 또한 정신적으로는 역할상실과 기력상실로 인한 자신감 결여, 낮은 자존감이 깨진 유리창이라고 할 수 있다. 만약, 제과점의 주인이 유리창을 깨진 채 두지 않고 전면 유리로 다시 갈아 끼웠다면 가게를 폐쇄하는 막대한 경제손실을 입지 않아도 되었을지 모른다. 그렇듯 노년의 한 시점에서 '늙음'이라는 깨진 유리창의 문제를 만났을 때 새로운 전면 유리창으로 갈아 끼우듯이 노년의 마인드를 바꾸는 작업이야말로 남은 인생을 가치 있고 행복하게 보내는 비결일 것이다.

배정희(2007). 노후설계프로그램. 생명출판사에서 발췌함.

*제3장은 이준우 외(2011). 〈경기도 노후생활설계사 교육교재〉. 경기도의 내용을 일부 발췌 · 수정 · 보완한 것이다.

1 장수리스크와 노후에 대한 인식

장수리스크란 노후에 경제적인 어려움을 당할 확률(예상치 못한 은퇴기간/예상한 은퇴기간)로 평가되는데, 이 수치가 0이라면 예상과 실제가 정확히 일치해 위험이 없지만, 수치가 높아지면 예상과 실제의 차이가 벌어져 위험도 그만큼 커진다는 것을 뜻한다.

미래에셋퇴직연금연구소가 발표한 스페셜리포트 '장수리스크 산정과 국제비교'에 따르면 한국의 장수리스크는 평균 0.87로 미국 0.37, 일본 0.35, 영국 0.33과 비교해 2배 이상 높은 것으로 나타났다. 연구소에 따르면 우리나라의 장수리스크 0.87은 실제 은퇴기간이 사람들이 예상하는 것보다 평균 87% 가량 더 길어질 수 있다는 것을 의미한다. 장수리스크가 높다는 것은 사람들이 대체로 자신의 은퇴기간을 실제보다 상당히 짧게 예상하고 있으며, 이는 노후자금 마련 등 은퇴준비 수준이 전반적으로 취약하다는 뜻으로 해석할 수 있다.[1)]

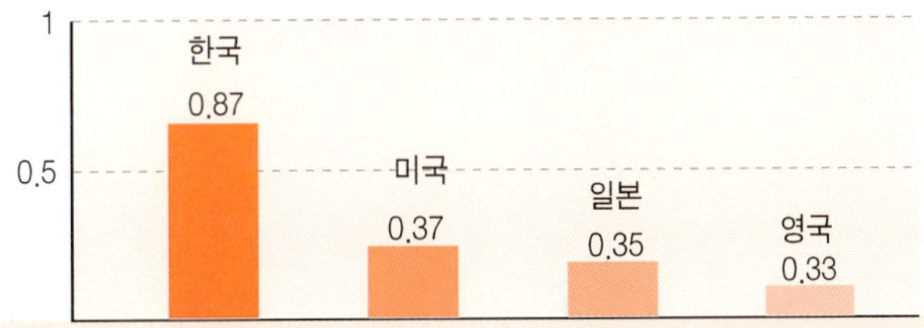

▲ 장수리스크 산출결과, 우리나라 전체의 장수리스크는 2005년 기준 0.87로, 동일 방식으로 산출한 선진국의 수치에 비해 현저히 높은 수준임.

| 그림 3-1 | 장수리스크 국제 비교

출처: 미래에셋퇴직연금연구소(2009). 장수리스크 산정과 국제 비교.

1) 뉴시스(2009. 3. 19.). 미래에셋, '한국 장수리스크 美·日보다 2배 이상 높아'를 참고함.

최근 한국갤럽과 하나은행이 공동으로 조사한 '한국인의 은퇴준비 현황과 의식구조 조사결과 보고서'를 살펴보면, 응답자의 71.7%는 노후생활비로 월 200만 원 이상 필요하다고 답했으나 월 100만 원 이상을 준비하고 있는 사람은 단지 8.6%에 불과했다. 통계청(2010a)의 '사회통계조사' 결과에 따르면 전국 3만 3천 표본 가구원 중 38.2%가 노후를 전혀 준비하지 않는 것으로 조사되어 개개인의 충분한 노후준비를 기대하기 어려운 상황으로 조사되었다. 또한 노후대비를 하고 있다는 사람들도 국민연금, 공적연금, 퇴직금 같이 정부가 제공하는 기초적인 노후수단을 이용하는 사람이 전체의 47.5%나 되어 실제적인 노후대비를 하는 사람은 전체 국민의 15% 정도로 노후대비가 턱없이 부족한 실정이다.

쉬어가기

"은퇴 후 적정 생활비 월 150만~200만 원"

국민의 절반 이상이 적정 은퇴생활비를 150~200만 원으로 설정하고 있는 것으로 나타났다. 또한 30대 후반부터 20년 동안 은퇴 준비를 해야 한다고 생각하는 것으로 밝혀졌다. 하나은행은 최근 한국갤럽과 공동으로 조사(2007)한 '한국인의 은퇴준비 현황과 의식구조 조사결과 보고서'에서 이 같은 결과가 나타났다고 밝혔다. 이번 조사는 만 35~49세 남녀 1,001명(은퇴잠재자)과 20년 이상 직장에 다닌 퇴직자 중 월평균 가처분소득이 150만 원 이상인 은퇴생활자 200명을 대상으로 이뤄졌다.

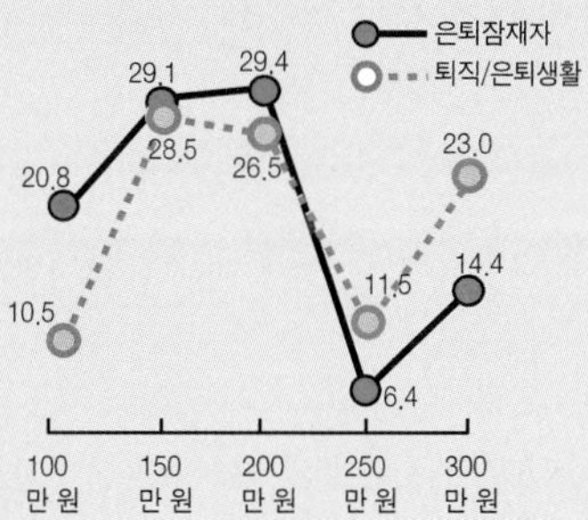

은퇴 후 예상(현재) 월평균 생활비

(단위: %)

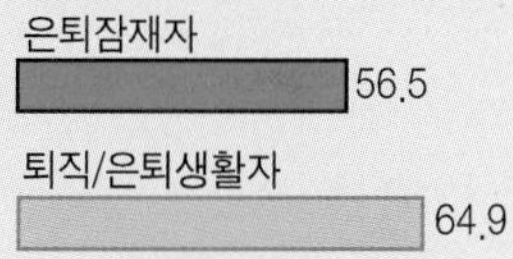

가구소득대비 비중

(자료: 하나은행, 한국갤럽)

■ 은퇴잠재자 필요자금 적게 잡아

전체 응답자 가운데 은퇴 뒤 월 생활비로 가장 많이 응답한 액수는 200만 원. 은퇴잠재자의 26.5%, 은퇴생활자의 29.4%가 이같이 대답했다. 150만 원이라는 응답도 각각 28.5%, 29.1%로 비슷하게 나타났다. 특히 은퇴잠재자의 70% 정도가 100~200만 원 정도라고 대답했다. 반면

300만 원 이상 필요하다고 답한 숫자도 은퇴잠재자의 23.0%, 은퇴생활자의 14.4%에 이르렀다.

은퇴를 앞둔 사람과 이미 은퇴한 사람의 생활비에 대한 관점의 차이도 나타났다. 은퇴잠재자들은 현재 가구소득의 57%면 생활비로 적정하다고 예상했다. 반면 은퇴자들은 은퇴 전 가구소득의 65%는 돼야 한다고 응답했다.

은퇴잠재자는 은퇴 뒤 예상수명을 17.4년이라 답했지만 은퇴자는 20.8년이라고 대답했다. 은퇴를 앞둔 사람들이 실제 은퇴생활자보다 은퇴 뒤 필요자금을 적게 잡고 있다는 뜻이다.

■ 60% '은퇴준비 못하고 있음'

또한 전체 응답자들은 은퇴 준비를 시작해야 할 시기를 평균 36~37세로 보고 있으며, 평균 20년 동안 은퇴를 준비해 이후 18년 동안 노후를 보내야 한다고 응답했다.

은퇴잠재자들은 60%가 아직 은퇴 준비를 하지 않고 있고, 이들 중 47.8%는 '경제적 여력이 없어' 은퇴 준비를 하지 못하고 있다고 응답했다. 경제적 여력이 없는 가장 큰 이유는 61.9%가 자녀 교육비 때문이라고 답했다. 은퇴잠재자들은 또 가장 좋은 은퇴 방법으로 은행 예·적금을 들었으며 이어 보험상품, 부동산 투자를 선호하는 것으로 나타났다.

출처: 서울신문(2007. 7. 4.). 은퇴 후 적정 생활비 월 150만~200만 원.

2 노년기와 노후생활의 이해

인생의 마지막 단계인 노년기는 갑자기 도래하는 것이 아니다. 그것은 인간발달의 연속과정 중 한 단계로서, 누구나 한번은 경험하게 된다. 노년기를 어떻게 보냈느냐에 따라 노후생활의 질은 크게 달라진다. 실존주의 철학자이자 의사였던 칼 야스퍼스(Karl Jaspers)는 "자신의 노년기가 갖는 본질적인 의미를 깨닫는 데 실패한 사람들은 세월의 고통을 느낄 수밖에 없을 것이다. 자신에게 주어지는 대로 삶을 사는 사람과 자신의 삶을 인내하고 기대하며 경험하는 사람 사이에는 인생의 의미를 실현하고 구축하는 데 엄청난 차이가 난다."고 말하여 노년기를 보다 의미 있게 보내는 것이 중요하다고 하였다. 오늘날 노인세대를 둘러싼 사회적 환경이 변화되어 가면서 노후생활에 대한 인식이 점차 변하고 있다. 과거 은퇴 후에 노인들은 손자들의 재롱을 보며 편히 살다가 큰 어려움이나 질병 없이 보내는 것을 의미 있는 노후생활이라고 보았다. 그러나 오늘날 인간의 평균수명이 늘어나고 퇴직연령이 앞당겨지면서 노후는 자신이 살아온 시간의 2배에 가까운 시간을 보내게 되었다. 일본의 민간단체인 '시니어 르네상스'의 조사에 따르면, 정년퇴직 이후부터 주어지는 자유시간이 모두 7만 시간이라고 발표하였다. 즉, 60세부터 80세까지 20년의 세월을 시간으로 환산하면 17만 5,200시간이고, 이 가운데 밥 먹고 잠자는 생리적인 시간으로 하루에 14시간을 쓴다고 하면, 총 10.5만 시간이 소요된다. 따라서 나머지 7만 시간은 온전히 노후를 보내야 하는 자유시간인 셈이다.

이처럼 전후반을 모두 마치고, 잠깐 주어지는 로스 타임(loss time)에 불과했던 노후가 이제는 인생의 후반전이 되어버렸다. 30년 공부하고, 30년 일하고, 30년은 노후로 보내는 '30-30-30 시대'가 눈앞에 펼쳐진 것이다(우승호, 2006). 인생이 길어진 것은 더없이 즐겁지만, 늘어난 노후의 시간을 어떻게 정의하느냐도 매우 중요하다.

인구 고령화 현상이 일찍이 나타난 서유럽 지역에서는 노년기를 제3기 인생을 지칭하는 것으로 이야기되어 왔다. 1973년 프랑스에서 제3기 인생대학이 처음 설립되면서 '제3기 인생'이라는 말이 프랑스어로 공식적으로 사용되기 시작하였고, 1981년에는 영국에서 제3기 인생대학이 설립되면서 영어(the third age)로 쓰이기 시작하였다. 제3기 인생은 인생과정을 4단계로 나누는 의미를 내포하고 있지만 이론적으로 1~4기 인생의 시기와 각 시기의 특징과 의미를 부여한 것은 1989년 영국의 사회철학자 피터 라스렛(Peter Laslett)이 그의 저서 ≪인생의 신선한 지도: 제3기 인생의 출현(A Fresh Map of Life: The Emergence of The Third Age)≫를 저술한 이후라 할 수 있다(박상철 · 최성재 · 곽충실, 2009). 피터 라스렛은 인생을 4기로 구분하여 | 그림 3-2 |와 같이 설명하였다.[2]

	제1기 인생	제2기 인생	제3기 인생	제4기 인생
시기	의존과 교육의 시기	직업과 독립의 시기	자기 성취의 시기	의존과 노쇠의 시기
시기	출생에서 취업 직전까지	취업부터 퇴직 시까지	퇴직 후부터 건강하게 생활하는 시기	건강이 나빠질 때부터 사망 시까지
특징	의존, 사회화, 미성숙과 교육의 시기	독립, 성숙, 책임, 벌이와 저축의 시기	개인적 성취의 시기	최종적 의존, 노쇠 및 사망의 시기

| 그림 3-2 | 라스렛의 제3기 인생론

2) 우리나라에서도 프랑스의 사례를 반영하여 서울대학교에서 제3기 인생대학을 운영하고 있다. 이는 서울대학교가 일반시민과 함께하는 프로그램의 일환으로 2009년 9월부터 2개 학기에 걸쳐 28~30개 과목을 이수하도록 교과과정을 마련하여 한 해에 90명씩 선발하여 교육하고 있다.

피터 라스렛의 제3기 인생론이 의미하는 바는 크다. 만 65세 이상을 노인이라고 일컫는 시간적인 개념에서 바라보는 것이 아니라 노년기에 발달과업과 개인적인 성취에 초점을 둔 인생론을 제시한 것이다. 즉, 만 65세가 넘었어도 노년기라고 칭하는 것이 아니라 제3기 인생이라는 틀 속에서 개인적인 성취를 이루고 과업을 달성하는 인생을 계획할 수 있는 관점을 제공하였다는 점이다.

제3기 인생론에서 강조하는 것 중 또 다른 하나는 바로 제3기 인생을 의미 있게 보내기 위해서는 제2기 인생에서 미리 준비하여야 한다는 것이다. 또한 제3기 인생에 속할지라도 노후생활에 대한 계획과 준비가 필요하다는 것이다. 급변하게 변화하는 사회과정 속에서 건강하고 만족스러운 노후생활을 영위하기 위해서는 노년기의 삶은 노년기 이전에 준비되어져야 하며, 노년기 이전에 어떠한 준비를 하였는가에 따라서 노년기의 삶의 질은 차별화된다고 할 수 있다. 따라서 노후생활에 대한 영역과 노후의 건강하고 행복한 삶을 위해 노후생활에 대한 대책을 미리 계획하고 노후를 준비한다는 것은 노후의 생활만족, 즉, 노년기의 삶의 질을 높이는 것을 말한다.

3 노후생활설계의 이해

미국의 헤리티지 재단(National Heritage Foundation) 설립자 겸 회장인 윌 로즈(Wil Rose)는 "하루하루를 당신의 마지막인 것처럼 살라. 언젠가는 그날이 올 것이다."라는 말을 한 적이 있다. 그렇다면 자기 인생의 남은 날들을 위해 목적과 방향을 갖고 하루하루를 마지막 날인 것처럼 살아가는 사람이 과연 얼마나 될까? 인생의 원숙기라고 볼 수 있는 노후생활은 지금까지의 경력, 지식, 체험 등 인생경험을 바탕으로 자신의 인생을 완결짓는 중요한 기간에 해당된다. 그러므로 자신이 주체가 되어 노후생활을 바람직하게 이끌어가려는 노력은 노년기의 중요한 발달과업이 되어야 한다.

사람들은 대개 노년기에 여러 위기상황과 어려움들을 경험한다. 은퇴와 더불어 사회적 역할과 위치가 변화되는 것을 경험하고, 생활근거지를 이동하거나 사랑하는 사람들을 죽음으로 잃는 아픔을 겪게 된다. 신체적 질병이나 장애를 경험할 수도 있다. 이처럼 노년기에는 다양한 스트레스 상황에 맞닥뜨리게 된다. 따라서 노년기의 다양한 변화에 대해 적극적으로 대처하기 위하여 경제적 부분뿐만 아니라 심리 · 정서적인 부분까지 과거 자신이 살아온 삶과 앞으로 자신이 보내야 할 미래의 삶을 현재 자신의 삶과 연결하여 자기를 되돌아보아야 한다. 또한 노년기 생활적응에 필요한 분야 즉, 건강, 자산, 인간관계, 사회활동, 여가생활 등 다양한 영역에 걸쳐 자신의 노후를 주도적으로 준비하고 설계하는 자세가 필요하다. 이에 효과적으로 대처하고 적응할 수 있는 핵심 열쇠는 노년기에 삶의 비전을 갖고 생산적이고 보람 있는 활동적인 계획을 세울 필요성을 느끼는 것이다. 바로 '인생 목적을 분명하게 설정하고, 노후생활을 의미 있게 설계하는 것' 이다.

TIP 인생의 새로운 목적을 설정할 때 도움이 되는 사항들

1. 노후생활에 도움이 되는 목적을 설정하라.
2. 당신의 강점과 능력을 활용하는 목적을 선택하라.
3. 융통성 있는 목적을 선택하라.
4. 큰 의미가 있는 영향을 줄 수 있는 목적을 선택하라.
5. 영적인 차원의 목적을 선택하라.

출처: 유재성(역)(2006). 아름다운 은퇴. p. 91.

노후생활설계는 노년기를 앞둔 예비 노인이나 현재 노년기에 접어든 노인을 대상으로 노후생활에 필요한 정보를 제공해 주고, 본인의 욕구에 맞는 노후를 설계하는 것이다. 노후생활설계의 궁극적인 목적은 바로 성공적 노화를 달성하고자 하는 것이다. 과거 노후생활설계 교육들은 대부분 다양한 현상들에 대해 이해하는 측면을 강조하고 있다면, 최근에는 성공적 노화를 달성할 수 있는 긍정적 관점에서 사전 예방적인 측면을 강조하고 있다. 이에 전생애 발달과정을 거치며 도달해 나가는 성공적 노화와 동시에 신체적, 심리적, 심리사회적 측면 등 다양한 측면들에 관한 통합적 관점에서 성공적 노화를 달성하고자 하는 이해를 바탕으로 노후생활설계가 이루어져야만 한다.

클락과 앤더슨(Clark & Anderson, 1984)은 노후를 만족스럽게 보내기 위하여 스스로 해결해야 할 인생의 과제가 다음 5가지라고 노후생활설계의 주요항목을 제시하였다(서경희, 1995; 황승일, 2000).

첫째, 고령화에 관한 인지와 자신의 능력 감소나 한계를 이해한다.

둘째, 노령기에 대한 자신의 물리적 · 사회적 활동범위에 관한 새로운 개념 정의와 이해를 얻는다.

셋째, 개인생활의 욕구만족을 위해 새로운 활동이나 취미를 개발한다.

넷째, 자아를 평가하는 기준의 새로운 설정이나 재평가를 한다.

다섯째, 노년기를 맞는 인생의 목적을 재확인하거나 설정한다.

이처럼 노후생활은 다차원적인 관점에서 바라보아야 한다. 보다 구체적으로 노후생활설계에 필요한 영역은 무엇일까? 노후생활설계 영역을 설정하는 것은 그동안 이루어진 연구들 가운데 어떤 요인을 성공적 노화의 구성요소로 볼 것인지와 관련이 있다.

성공적인 노화 구성요인에 대해서 홍현방(2001)은 성공적 노후를 심리적 발달, 사회적 측면, 신체적 건강, 정신적 건강 등 다차원적 관점으로 해석하고 있으며, 박경란과 이영숙(2002)은 건강, 경제, 자립 등 남의 도움 없이 스스로 생활할 수 있는 것을 의미하는 자율과 자신의 발달을 꾀하는 노력을 의미하는 개인 성장, 몸과 마음의 안락한 생활, 부모나 배우자로서의 역할 완수, 자신의 현재 상태를 긍정적으로 생각하고, 나이에 대한 마음가짐으로 생활하는 자아수용, 타인을 배려하고 봉사하는 생활인 봉사 등을 성공적 노후의 구성요인으로 보았다. 또한 김미혜와 신경림(2005)은 한국 노인의 '성공적 노후 척도' 연구를 통하여 자기 효능감을 느끼는 삶, 자녀성공을 통해 만족하는 삶, 부부간의 동반자적 삶, 자기통제를 잘하는 삶 등 네 가지 하위요인을 확인하였다. 결국 성공적 노후를 위해서는 신체적 건강, 심리적 측면, 사회적 측면 등 통합적인 관점에서 노후생활을 설계하는 것이 중요하다.

노후생활설계는 빠르게 변하는 사회현상에 대한 대처능력의 향상과 신체적 · 정신적으로 건강한 노년을 보내는 데 큰 도움이 될 수 있다. 뿐만 아니라 성공적 노후를 위한 중요한 요인이 될 수 있다. 노후생활설계는 사회적 · 경제적 비용을 경감하고, 동시에 개인으로 하여금 성공적 노후를 준비할 수 있도록 함으로써 노후설계에 따른 개인적 비용을 절감하여 노후의 삶의 질을 향상하는 데 기여하게 된다.

4 행복한 노후를 만드는 6가지 방법

1) 살맛나는 노후생활: 노인복지정책 및 서비스

인구의 고령화는 빈곤과 밀접한 관련이 있다. 우리 사회는 20대 중반부터 약 50대 중반까지 활발한 경제활동을 하는 구조이다. 대략 30년 간 자금을 축적하고 기본생활 유지와 자녀 양육 등의 비용을 지불하며 생산인구이자 소비인구로서 기여하게 된다. 그러나 그 이후 경제활동을 했던 시간만큼의 시간을 더 부여받은 시점에서 과거의 구조로는 적극적인 경제활동이 어려울 뿐만 아니라 기존의 삶을 유지하는 데 어려움이 있다.

이에 따라 노인의 기본적인 소득보장을 위한 국가나 사회의 노력이 이미 제도화되어 실천되고 있다. 아직도 나아가야 할 길이 멀지만, 현재 어떠한 노력들이 시행되고 있는지 알고 이해하는 것은 중요하다.

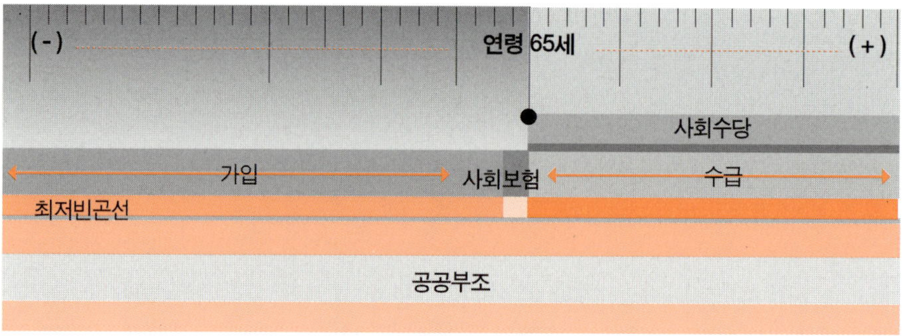

| 그림 3-3 | 소득보장을 위한 사회제도적 노력

(1) 사회수당

사회수당은 어떠한 기준에 부합된다면 그 누구에게나 보편주의 원칙에 따라 일정한 현금이나 서비스를 제공하는 제도를 말한다. 우리나라는 사회수당제도의 실시가 아주 미비하다. 현재 노인을 위한 사회수당에는 노인교통수당이 포함되는데, 65세 이상의 노인이라면 누구나 수급이 가능하다(모선희 외, 2006). 그러나 1994년 이후 지방자치단체로 지급권한이 이양되면서 지자체마다 노인교통수당의 금액에 차이가 존재하며, 노인인구의 비율이 높은 지자체는 그만큼의 노인복지예산이 전체 예산의 상당부분을 차지하게 된다. 향후 노인인구의 비율이 증가함에 따라 노인교통수당 예산에 대한 지자체의 부담이 커질 것으로 전망된다.

(2) 사회보험

사회보험은 국가가 보험의 원리를 적용하여 18세 이상부터 보험료를 징수한 뒤, 일정한 자격조건을 갖춘 노후에 지급받는 제도이다. 다만, 기존의 보험과는 다르게 강제적으로 보험료 징수가 이뤄진다는 점이 특징이다.

우리나라에서는 이러한 사회보험의 성격을 갖춘 공적연금을 현재 시행하고 있으며, 이에 가입된 국민은 본인의 소득에 따라 일정한 금액을 납부한다. 정부나 고용주 역시 그 기여금에 상응하는 부담금을 지급해야 한다. 대표적인 4대 공적연금으로는 국민연금, 공무원연금, 사립학교교직원연금, 군인연금이 있지만, 여기에서는 국민연금을 중점적으로 소개하고자 한다.

우선 국민연금 가입대상에 대해 살펴보면 당연히 가입해야 하는 대상과 그렇지 않은 대상에 따라 사업장가입자, 지역가입자, 임의가입자, 임의계속가입자, 외국인가입자로 분류된다. 사업장가입자는 국민연금에 가입된 사업장에서 근로하는 18세 이상 60세 미만의 고용주나 근로자 중 국민연금에 가입된 경우이다. 지역가입자는 국내에 거주하는 18세 이상 60세 미만의 국민 중 사업장가입자가 아닌 사람은 지역가입자로서 국민연금에 가입하게 된다.

이와 같이 선택의 여지가 없이 가입을 해야 하는 대상자가 있는 반면에 본인의 선택 여하에 따라 가입을 해야 하는 경우를 임의적용이라고 하는데, 여기에는 임의가입자와 임의계속가입자가 있다. 임의가입자는 사업장가입자와 지역가입자가 될 수 없는 사람이면서 60세 이전인 경우에는 본인의 희망에 의해 가입신청을 하면 임의가입자가 될 수 있다. 여기서 사업장가입자나 지역가입자가 될 수 없는 사람은 다른 공적연금에서 퇴직연금(일시금), 장애연금을 받는 퇴직연금 등 수급권자, 국민기초생활보장법에 의한 수급자, 소득활동에 종사하지 않는 사업장가입자 등의 배우자 및 보험료를 납부한 사실이 없고 소득활동에 종사하지 않는 27세 미만인 자를 의미하고, 이들 가운데 가입을 희망하는 경우에는 임의가입자가 될 수 있는 것이다. 임의계속가입자는 기존에 가입기간이 20년 미만인 가입자가 60세 도달로 국민연금 가입자 자격을 상실하였으나, 가입기간이 부족하여 연금을 받지 못하거나 가입기간을 연장하여 더 많은 연금을 받고자 원할 경우는 65세에 달할 때까지 신청에 의하여 임의계속가입자가 될 수 있다.

외국인의 경우도 가입과 수급이 가능하며, 국민연금 적용사업장에 종사하는 18세 이상 60세 미만의 외국인인 사용자 또는 근로자나 국내에 거주하는 18세 이상 60세 미만의 외국인으로서 사업장가입자가 아닌 자가 가입대상자가 된다.

보험의 상품이 다양하듯 국민연금도 노령연금, 장애연금, 유족연금, 반환일시금, 사망일시금이라는 종류가 있다. 매월 지급하는 연금형식의 급여에는 노후 소득보장을 위한 노령연금과 장애로 인한 소득감소에 대비한 장애연금, 가입자의 사망으로 인한 유족의 생계 보호를 위한 유족연금이 있다. 일시적으로 제공되는 급여에는 연금을 받지 못하거나 더 이상 가입할 수 없는 경우에는 청산적 성격으로 지급하는 반환일시금과 유족연금이나 반환일시금을 받지 못할 경우에는 보상적 성격으로 지급하는 사망일시금이 있다. 각 상품에 따라 세부적인 지급 조건이 있는데 이를 정리한 표는 아래 | 표 3-1 |과 같다.

| 표 3-1 | 국민연금 종류 및 수급요건

구분		수급요건
노령연금	완전노령연금	• 가입기간 20년 이상, 60세에 도달한 자(65세 미만이면 소득이 없는 경우에 한함)
	감액노령연금	• 가입기간 10년 이상 20년 미만으로 60세에 도달한 자(65세 미만이면 소득이 없는 경우에 한함)
	재직자 노령연금	• 완전노령연금 수급권자 또는 감액노령연금 수급권자가 65세 이전에 소득이 있는 업무에 종사하는 경우(소득 있는 업무에 종사하지 않으면 완전노령이나 감액노령연금으로 전환)
	조기노령연금	• 가입기간 10년 이상, 연령 55세 이상인 자가 소득 있는 업무에 종사하지 아니하고, 60세 도달 전에 청구한 경우(65세 이전에 소득 있는 업무에 종사하면 재직자 노령연금 지급)
	분할연금	• 가입기간 중 혼인기간이 5년 이상인 노령연금 수급권자의 배우자가 60세 이상이 된 경우
장애연금		• 가입 중에 발생한 질병 또는 부상으로 완치 후에도 장애가 있는 자(초진일로부터 1년 6개월 경과 후에도 완치되지 아니한 경우는 그 1년 6개월이 경과한 날을 기준으로 장애 정도 결정)

구분	수급요건
유족연금	다음의 자가 사망한 때 • 노령연금 수급권자 • 가입자(다만 가입기간 1년 미만인 자가 질병이나 부상으로 인하여 사망한 경우에는 가입 중에 발생한 질병이나 부상으로 사망한 경우에 한함) • 가입기간 10년 이상인 가입자이었던 자 • 장애등급 2급 이상의 장애연금 수급권자 • 가입기간 10년 미만인 가입자이었던 자로서 가입 중에 발생한 질병이나 부상 또는 그 부상으로 인한 질병으로 가입 중 초진일 또는 가입자 자격상실 후 1년 이내의 초진일로부터 2년 이내에 사망한 때
반환일시금	• 가입기간 10년 미만인 자가 60세가 된 경우(단, 특례노령연금 수급권자는 해당되지 않음) • 가입자 또는 가입자이었던 자가 사망하였으나 유족연금에 해당되지 않는 경우(가입자 또는 가입기간이 10년 이상인 가입자이었던 자가 사망한 때는 사망 당시 보험료를 2/3 이상 납부하지 않거나 1년 미만 가입자의 경우 가입 중에 발생한 질병 또는 부상이 아니어서 유족연금이 지급되지 않는 경우에 한함) • 국적을 상실하거나 국외로 이주한 경우(국외이주의 경우 거주여권 소지자나 영구영주권 취득자에 한함. 임시영주권 취득자는 해당되지 않음)
사망일시금	• 가입자 또는 가입자이었던 사람이 사망하였으나 유족연금 또는 반환일시금을 지급받을 수 있는 유족 범위에 해당하는 자가 없는 경우
외국인에 대한 연금급여	• 그 외국인의 본국 법에서 대한민국 국민에게 대한민국 반환일시금제도에 상응하는 급여를 지급하는 경우 • 대한민국과 외국인의 본국 간에 반환일시금 지급에 관한 사회보장협정이 체결된 경우 • 출입국관리법 시행령의 E-8(연수취업), E-9(비전문취업), H-2(방문취업)에 해당하는 체류자격으로 국민연금에 가입한 경우

출처: 국민연금공단(http://www.nps.or.kr).

본인의 연금과 관련된 정보를 구체적으로 알고 싶다면 국민연금공단 내 노후설계를 위한 정보 사이트(http://csa.nps.or.kr)가 개설되어 있으므로 이를 이용한다면 유용할 것이다.

TIP 국민연금 한 눈에 보기!

1. 사업장의 사용자, 가입자 본인이나 대리인이 신청
2. 신청기한: 발생한 날이 속하는 달의 다음 달 15일까지
3. 신청방법: 방문, 우편, 팩스, 인터넷(4대 사회보험 정보포털 서비스 및 전자문서서비스)
4. 절차: 신청서 작성→지사 접수→수급요건 충족여부 확인(지사)→충족시 수급결정(지사)→지급의뢰(본부)→지급계좌입금(금융기관)→급여수령(수급요건 미충족시 미해당 경과서 발송)
5. 서비스 기관: 국민연금관리공단(www.nps.or.kr, 국번 없이 1355), 주소지 관할 국민연금관리공단 지사

Q 지금 내가 연금을 얼마나 내는지 알 수 있을까요?

A 그럼요! 계산기를 이용하지 않고도 쉽게 구할 수 있답니다. 자, 따라해 보세요!

1 ••• 인터넷 창에 연금보험료 간편계산기를 검색해 보세요.

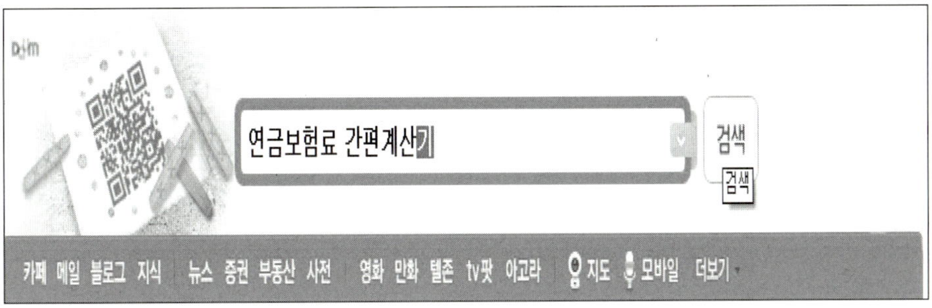

2 ••• 가장 위에 있는 주소를 클릭합니다. 아래와 같은 사이트가 열립니다.

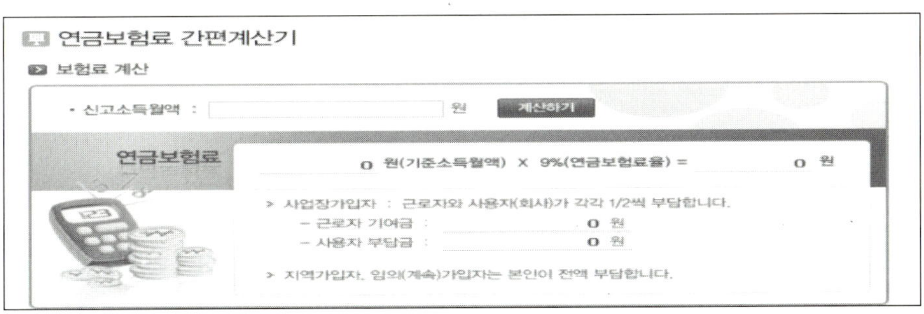

3 ··· A라는 사람이 월 325만 원의 월급을 탑니다. 아래 신고소득월액에 3,250,000원을 치고 '계산하기'를 클릭해 보세요.

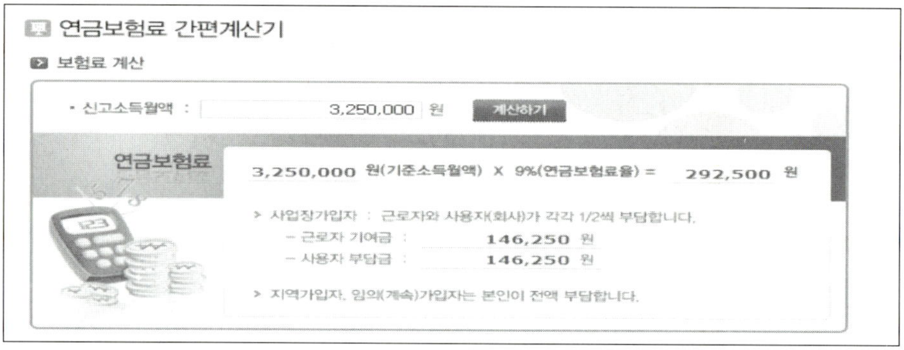

4 ··· 보이나요? A씨는 월 146,250원의 국민연금료를 내고 있었네요!

Q 내가 국민연금을 얼마나 받을 수 있는지 알 수 있나요?

A 그럼요! 아주 쉽게 여러분의 국민연금을 계산해 드립니다. 잘 따라와 보세요.

1 ··· 인터넷 창에 국민연금관리공단을 검색하시고, 사이트에 들어갑니다.

2 ··· 왼쪽 하단에 '내연금 노후설계'를 클릭합니다.

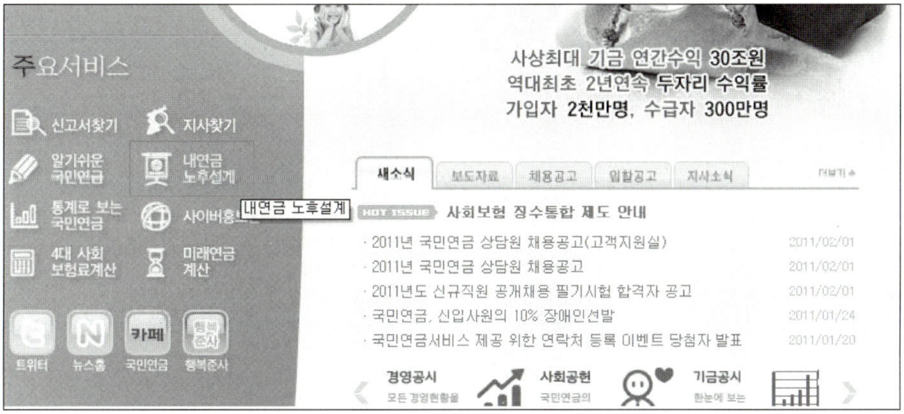

3 ··· 윗줄에 '내연금 알아보기' 클릭! → '국민연금 알아보기'를 클릭합니다.

4 ··· 공인인증서가 있다면 더 간편하지만, 공인인증서가 없어도 이용할 수 있답니다. 자, 아래 '예상연금 모의계산'을 클릭해 보세요!

5 ··· A씨의 사례를 통해 국민연금 예상수령액을 계산해 봅시다.

경기도 수원에 사는 A씨, 3월이면 퇴직을 앞두고 있습니다.

- A씨: 1953년 1월 1일 생
- 국민연금 최초 가입년월: 1988년 1월
- 국민연금 최종 상실년월: 2011년 3월

❶ A씨의 생년월일, 국민연금 최초 가입년월, 국민연금 최종 상실년월을 입력한 후 다음으로 넘어갑니다.

❷ 기간시작년월, 기간종료년월을 입력한 후, A씨의 월소득(360만 원)을 입력합니다.

- 기간시작년월: 국민연금을 처음 가입한 시기, 기간
- 종료년월: 현재, 월소득: 기간 내 월소득

이때 월소득이 기간마다 다를 경우 오른쪽에 추가 버튼을 클릭하여 소득을 추가입력합니다.

❸ 출산 크레딧과 군복무 크레딧 해당이 되는 경우는 입력하십시오. (A씨는 2008년 이전에 군복무를 마쳤기에 해당사항이 없으니 그냥 넘어갑니다.)

❹ 소득이 앞으로 상실될 것을 예상한다면 그 비율을 적고 다음으로 넘어가세요. 만일 상승률이 0%일 경우 아래와 같이 0을 입력하고 넘어가세요.

❺ 짜잔! 결과가 나왔습니다. A씨는 2014년인 61세에 월 120여만 원의 국민연금을 받게 됩니다.

예상연금 모의계산 결과보기

생년월일 : 1953년 1월 1일　최초가입년월 : 1988년 1월　최종상실년월 : 2011년 3월

구분	현재가치	미래가치(소득상승률 연 0 % 적용)
노령연금액	월 1,222,070원 (연 14,664,840원)	월 1,344,800원 (연 16,137,600원)
수급개시연령	61세	61세
수급개시년월	2014년 2월	2014년 2월

미래가치는 물가상승률 연 2.5% 기준으로 산정된 금액입니다.

(3) 공공부조

공공부조는 자산조사를 통하여 최저생활 보장이 가능한 생활수준에 미치지 못한 저소득층노인을 대상으로 국가에서 최저생활을 보장해주고, 자립을 촉진하는 제도이다(양옥경 외, 2010). 현재 대표적인 공공부조 제도에는 기초노령연금과 국민기초생활보장제도가 있다.

기초노령연금은 지난 2008년 1월 70세 이상 노인에게 연금을 지급한 이후 같은 해 7월부터 만 65세 이상의 노인에게 지급되었다. 기초노령연금은 만 65세 이상 전체 노인 중 소득과 재산이 적은 하위 70%에게 지급되는 제도이며, 선정 조건이 되는 소득 · 재산 기준은 2011년 1월 기준으로 혼자 사는 노인의 경우 74만 원 이하, 노인부부인 경우는 118.4만 원 이하이다. 지급되는 연금 금액은 국민연금가입자의 평균소득월액에 따라 달라지기 때문에 국민연금가입자의 소득이(국민연금 소득) 오를수록 받는 연금액도 올라간다.

본 연금을 신청하기 위해서는 신분증과 통장사본(지급계좌), 전 · 월세 계약서를 지참하여 주소지 읍 · 면사무소, 동주민센터 및 가까운 국민연금공단 지사를 방문하여 접수하면 된다. 만 65세 생일이 지난 후 신청하면 신청한 달부터 연금 지급이 가능하지만, 만 65세 생일을 맞이하기 전에 신청하고자 할 때는 생일이 속한 달의 2개월 전부터 신청이 가능하며, 연금 역시 생일이 속한 달부터 지급된다. 더 자세한 사항은 기초노령연금 해당 사이트(http://bop.mw.go.kr)나 보건복지부 콜센터(국번 없이 129) 또는 국민연금 콜센터(국번 없이 1355)로 문의하면 된다.

다음으로 국민기초생활보장제도는 공공부조의 대표적인 제도로서 소득인정액[3] 기준(수급권자 가구의 소득인정액이 가구별 최저생계비 이하인 경우)와 부양의무자 기준(부양의무자가 없거나 부양의무자가 있어도 부양능력이 없거나 또는 부양을 받을 수 없는 경우)에 따라 수급자가 선정된다.

3) 소득인정액=소득평가액+재산의 소득환산액

| 표 3-2 | 2011년 최저생계비 기준 (단위: 원)

구분	1인 가구	2인 가구	3인 가구	4인 가구	5인 가구
2011년	532,583	906,830	1,173,121	1,439,413	1,705,704
2012년	553,354	942,197	1,218,873	1,495,550	1,772,227

출처: 보건복지부(http://www.mw.go.kr).

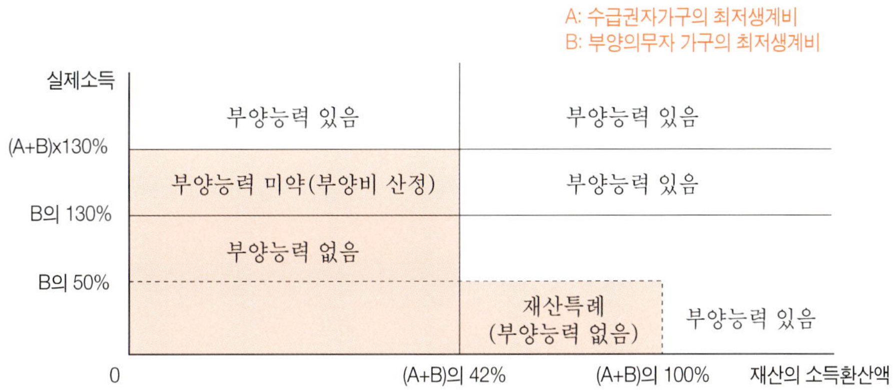

| 그림 3-4 | 부양능력 유무 판정의 일반기준

출처: 보건복지부(http://www.mw.go.kr).

급여의 종류로는 수급권자 모두에게 제공되는 생계급여, 주거급여 제외 대상자[4]를 제외한 모든 수급자에게 제공되는 주거급여 그 밖에 교육급여, 해산급여, 장제급여, 재활급여, 의료급여 등이 있다. 이 중 노년기에 많이 해당하는 급여는 생계급여와 주거급여를 꼽을수 있다. 생계급여는 의복, 음식물, 연료비, 기타 일상생활에 기본적으로 필요한 현물을 지급하고, 주거급여 제외 대상자를 제외한 모든 수급자에 대하여 최저생계비 중 최저주거비를 분리하여 주거급여로 가구별 0원~최저주

4) 주거급여가 불필요하거나, 타법령 등에 의하여 주거를 제공받고 있는 수급자로서, 의료 · 교육 · 자활급여 특례 수급자 및 보장시설에 거주하는 수급자 등이 포함된다.

거비까지 정률급여로 지급하며, "자가가구 등"에 해당하는 수급자에게 가구별 현금급여액에 해당하는 금액을 차감한 나머지를 주거 현금급여로 지급하고 있다. 주거급여는 주거급여 제외 대상자를 제외한 모든 수급자에 대하여 다음의 기준에 의한 현금급여를 제공하고 있다. 국민기초생활보장제도에 대한 더욱 자세한 정보나 안내를 위해서는 보건복지부에서 운영하는 저소득층 복지정책 사이트(http://team.mohw.go.kr)나 보건복지부 콜센터(129), 각 지자체 사회복지 관련 부서 및 복지시설에 문의하면 안내받을 수 있다.

앞서 살펴본 국민기초생활보장제도는 최저생활을 보장하기 위한 대표적인 제도이지만 노인만을 대상으로 한 제도는 아니다. 그럼에도 불구하고 이 제도에 대해 관심을 갖고 살펴봐야 하는 이유는 노인 인구가 증가하는 만큼 소득수준이 낮은 인구의 유입이 동시에 증가하고 있으며, 빈곤한 노인인구가 증가함에 따라 현재 뿐만 아니라 앞으로 본 제도의 주요 수급대상은 노인이 될 것으로 전망되기 때문이다.

보건복지부가 2010년에 조사한 생애주기별 국민기초생활보장 수급자 현황을 살펴보면, 중년기(40~64세)가 35.0%로 가장 높았으며, 노년기(65세 이상) 26.8%, 청소년기(10~19세) 20.6%, 영유아기(0~4세)는 가장 낮은 1.9%인 것으로 나타났다. 그러나 총 인구수 대비 수급자 비율로 살펴봤을 때는 노년기가 7.1%로 가장 높게 나타났다.

이 자료를 토대로 우리는 두 가지를 생각해 볼 수 있다. 첫째, 현재 국민기초생활보장수급자 중 노년기는 26.8%로 두번째로 높은 비율을 나타내지만, 가장 높은 비율을 차지하는 중년기의 수급자 중 향후 10년 이내 상당수의 인구가 노년기로 접어든다는 사실이다. 그렇다면 노년기의 수급자 수는 꾸준히 증가하게 될 것이다.

둘째, 총인구 대비 수급자 비율이 노년기가 가장 높게 나타났다. 쉽게 말하면, 각 생애주기별로 10명씩의 인구가 있는데 이 중 수급자에 해당하는 인구가 다른 생애주기에는 5명 미만이지만, 노년기는 7명 이상이라는 것이다. 따라서 빈곤층 노인인구에게 최저생활 유지를 보장하며 그들의 자립을 어떻게 촉진할지에 대한 고민을 더욱 치열하게 해야할 것으로 생각된다.

| 표 3-3 | 생애주기별* 일반수급자 현황 (단위: 명, %)

구분	합계	영유아기	학령기	청소년기	청년기	중년기	노년기
수급자 수	1,458,198	27,106	56,051	301,001	172,868	509,958	391,214
수급자 비율	100	1.9	3.8	20.6	11.9	35.0	26.8
총인구수	50,515,666	2,299,695	2,457,829	6,826,875	15,237,505	18,187,410	5,506,352
총인구수 대비 수급자 비율**	2.9	1.2	2.3	4.4	1.1	2.8	7.1

출처: 보건복지부(2011b). 2012년 국민기초생활보장 수급자 현황.

* 생애주기는 영유아기(0~4세), 학령기(5~9세), 청소년기(10~19세), 청년기(20~39세), 중년기(40~64세), 노년기(65세 이상)로 분류함.

** 통계청(2011), 주민등록인구(50,515,666명)

(4) 알아두면 유용한 연금제도

① 주택연금제도

Q 주택 한 채만 있어도 노후 든든! 주택연금제도!

A 주택연금제도(역모기지론)란 60세 이상의 고령자가 자신이 소유한 주택을 담보로 제공하고 금융회사에서 노후 생활비를 매달 연금 방식으로 지급받는 역(逆)모기지 대출이다. 부부가 모두 사망할 때까지 평생 거주권과 함께 월 지급금이 보장된다.

1 ··· 가입요건

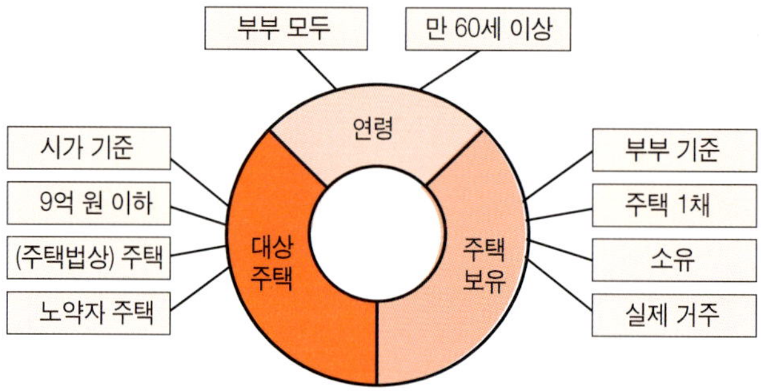

| 그림 3-5 | 가입요건 한눈에 보기

❶ 연령 요건

- 주택소유자(본인)와 배우자의 나이가 보증신청일 현재 만 60세 이상이어야 함.
- 예를 들어 본인은 만 63세인데 배우자가 58세인 경우는 이용할 수 없음.

❷ 주택보유 요건

- 본인과 배우자를 기준으로 보증신청일 현재 주택을 1채만 소유하여 실제로 거주하고 있어야 함.
- 같이 사는 자녀가 별도의 주택을 소유하고 있는 것은 상관없으며, 주택연금 이용 중 추가로 주택을 소유하여도 주택연금을 계속 이용할 수 있다.

❸ 대상주택 요건

- 일반주택은 「주택법」상 주택이어야 함(단독주택, 다세대, 연립주택 및 아파트(주상복합 포함)).
- 노인복지주택은 「노인복지법」상 분양형 노인복지주택으로서 해당 지자체에 신고된 주택이어야 함.
- 주택가격은 9억 원 이하이어야 함.
- 저당권, 전세권, 임대차계약이 없어야 함.

2 ••• 세부내용

❶ 보증기한(종신): 소유자 및 배우자 사망시까지

- 주택연금 계약해지 사유
  - 본인 및 배우자 모두 사망
  - 담보주택 소유권 상실(화재로 인한 주택소실, 재건축 · 재개발 등으로 인한 주택소유권 상실 등 포함)
  - 본인이 사망 후 배우자가 6개월 이내에 소유권이전등기 및 채무인수를 하지 않는 경우
  - 1년 이상 담보주택에서의 미거주

❷ 지급방식(이용도중 지급방식 및 인출한도 설정비율 변경가능)

- 종신지급방식
  - 개별인출금 설정 없이 종신토록 매달 일정 금액을 지급하는 방식

- 종신혼합방식
  - 일정 한도(대출한도의 50%) 내에서 개별인출을 허용하고, 나머지 부분에 대해 매달 일정 금액을 종신토록 지급하는 방식
  - 개별인출 용도는 주택구입(임차)자금, 사행성, 사치오락성이 아닌 용도는 모두 허용

❸ 월지급금 지급유형

- 월지급금 증가 옵션
  - 매년 3%씩 월지급금이 증가하는 방식
  - 이용초기에는 종신지급방식(정액형) 보다 월지급금이 적음
  - 종신지급/종신혼합 두 방식 모두에서 선택하여 신청 가능

| 표 3-4 | 월지급금 비교(주택가격 3억 원, 종신지급방식 기준) (단위: 천 원)

가입연령	종신지급 (정액형)	증가 옵션 선택 시				
		가입 시	5년 후	10년 후	15년 후	20년 후
60세	709	514	596	691	801	929
65세	864	646	749	868	1,006	1,167
70세	1,064	821	952	1,104	1,280	1,484
75세	1,330	1,061	1,231	1,427	1,654	1,918
80세	1,688	1,398	1,621	1,879	2,179	2,526

3 ··· 재산세 등 각종 세금 감면 혜택 가능!

❶ 주택연금에 가입하면 각종 세금과 비용을 면제 또는 감면받을 수 있음. 근저당권을 설정할 때 내야 하는 등록세(설정 금액의 0.2%), 교육세(등록세의 20%), 농어촌특별세(등록세의 20%), 국민주택채권매입의무(설정금액의 1%) 등이 면제됨. 담보주택 감정료도 20% 감면해줌.

❷ 재산세도 25% 감면받고(5억 원 초과 주택인 경우 5억 원에 해당되는 재산세액의 25%만 감면), 대출이자 비용도 연간 200만 원까지 소득공제를 받을 수 있음. 정부가 주택연금의 조기 활성화를 위해 내놓은 이 같은 혜택들은 주택연금의 노후 보장 효과를 더욱 강화했음.

4 ··· 가입절차

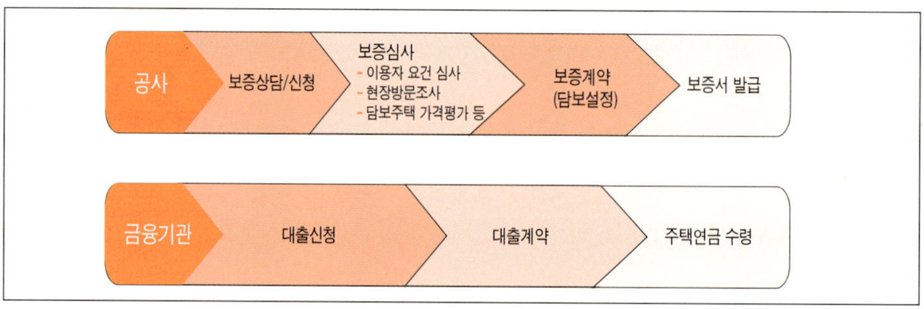

출처: 한국주택금융공사(http://www.hf.go.kr)

② 농지연금제도

Q 농지연금으로 노후걱정 없앤다! 농지연금제도!

A 농지연금제도는 만 65세 이상 고령농업인이 소유한 농지를 담보로 노후생활 안정자금을 매월 연금형식으로 지급받는 제도이다.

1 ··· 신청자격

❶ 연령

- 신청연도 말일 기준으로 농지소유자 본인, 배우자 모두 만 65세 이상
  - 2011년의 경우 1946년 12월 31일 이전 출생자이며, 농지소유자 본인의 신청일을 기준으로 농업인일 것

❷ 영농경력

- 신청인의 영농경력이 5년 이상일 것

❸ 소유농지

- 신청인의 총 소유농지가 3만㎡ 이하일 것(2인 이상 공동소유 농지일 경우 부부 공동지분 이외의 지분은 제외)

❹ 대상농지

- 지목이 전, 답, 과수원으로써 실제 영농에 이용 중인 자(가입신청자가 소유하고 있는 농지, 저당권 등 제한물권이 설정되지 아니한 농지, 압류 · 가압류 · 가처분 등의 목적물이 아닌 농지)

2 ··· 지급방식

❶ 종신형

- 가입자(배우자) 사망시까지 매월 일정한 금액을 지급하는 방식

❷ 기간형

• 가입자가 선택한 일정기간 동안 매월 일정한 금액을 지급하는 방식

❸ 월지급금 비교

• 기간형으로 선택시 매월 받는 월지급금은 종신형보다 많이 받을 수 있음.

3 ··· 가입절차

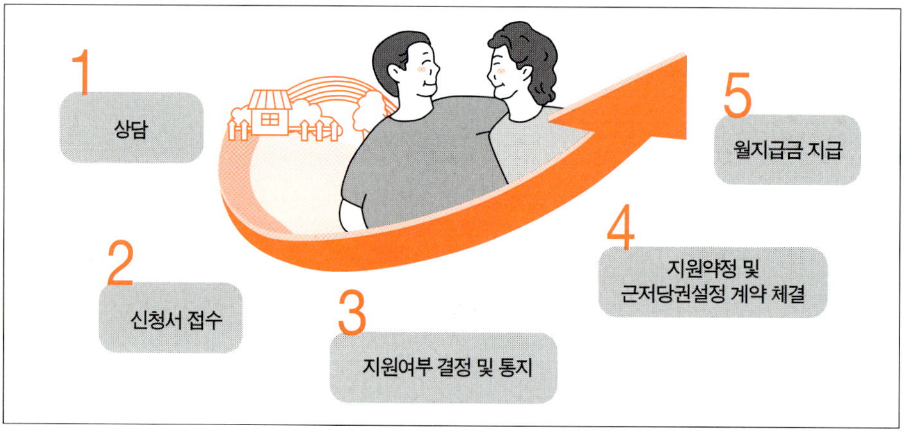

4 ··· 신청방법

• 농지연금포털(http://www.fplove.or.kr)에서 신청가능

출처: 농지연금포털(http://www.fplove.or.kr).

쉬어가기

국민연금, 노후긴급자금 500만 원까지 대출

-60세 이상 수급자 대상 내년 상반기내 시행-

보건복지부는 만 60세 이상 국민연금수급자가 긴급히 자금을 필요로 하는 경우 일정 금액 한도 내에서 빌려주는 노후긴급자금 대부사업을 실시한다.

노후긴급자금 대부사업은 의료비, 배우자 장제비, 전 · 월세자금 등이 긴급하게 필요한 경우에 국민연금에서 저리로 빌려주어, 연금수급자의 노후생활 안정을 도모하는 것을 목적으로 한다.

지난 2009년 통계청 사회조사 결과에 따르면 60세 이상의 경우 갑자기 자금을 빌릴 일이 생길 경우 도움 받을 사람이 없다는 응답이 67.4%에 달했다. 고령자의 경우 시중 · 저축은행에서 대출이 곤란해 사채 등 고금리 위험에 노출되어 있으므로, 이러한 위험을 사전에 방지하는 효과도 기대된다. 한편, 사학연금 · 공무원연금 등 타 공적연금에서도 수급자를 대상으로 오래 전부터 저금리 대부사업을 실시해 오고 있다.

노후긴급자금사업의 주요내용을 살펴보면, 대부 최고액은 노후소득보장이라는 연금제도의 본래취지를 감안해 연간 연금수령액의 2배(500만 원 한도)까지 가능하도록 했다.

예를 들어 월 20만 원 연금수급자는 본인의 연간 연금수령액의 2배인 480만 원까지, 월 20만 9,000원 이상인 수급자는 500만 원까지 대부받을 수 있다. 이자율은 5년 만기 국고채권 수익률에 연동한 변동금리를 적용하고, 5년 동안 원금균등분할 방식으로 상환한다. 대부절차 간소화 및 수수료 절감 등 대부 이용자의 편의를 최대한 도모하기 위해 국민연금공단이 대부 신청부터 사후관리까지 직접 사업을 운영한다.

사업규모는 2012년부터 2014년까지 3년간 매년 300억 원씩 총 900억 원으로 추산되며, 관계부처와 협의를 거쳐 2012년 기금운용계획에 반영한 후 2012년 상반기 내에 시행할 예정이다.

출처: 공감코리아(http://korea.kr).

2) 일하는 노후생활: 일과 창업

노년기의 일하는 즐거움은 진정한 자아를 완성시킬 수 있는 중요한 기회이자 자신의 삶을 더욱 가치 있게 만들어 주는 사회참여, 소속감 등의 의미를 갖는다. 우리는 노년층을 단지 소비인구로만 보는 시각을 변화시켜야 한다. 사회경제적 기준으로 인해 불가피하게 생산인구층에서 탈락되거나 은퇴를 하는 경우가 발생하지만 그들은 여전히 생산적 기능을 충분히 수행할 수 있을 만큼 활동적이다. 일하는 노후생활을 위해 노인일자리, 시니어창업과 그 밖에 정보들을 살펴보도록 하자.

(1) 노인일자리사업[5)]

① 노인일자리사업 의미와 유형

노인일자리사업은 구직을 희망하는 노인에게 맞춤형 일자리를 제공하여 소득을 창출하고 사회참여 기회를 극대화시키는 데 목적이 있다. 노인인력을 활용한다는 것은 노년에도 일할 수 있다는 사회적 인식을 확대시킬 수 있으며, 노인인력을 통해서 다양한 교육과 사업간 연계가 보다 활성화될 수 있다는 점이 있다. 노인일자리사업 역시 소득보장을 위한 노력의 일환으로 볼 수 있지만, 노인 스스로가 주체가 되어 활동하고 각자 자율적인 의미부여가 가능한 활동이라는 점에서 의미하는 바가 크다.

현재 보건복지부 한국노인인력개발원이 실시하고 있는 노인일자리사업의 유형은 크게 공공분야와 민간분야로 분류할 수 있다. 공공분야는 다시 공익형, 교육형, 복지형으로 분류되며, 민간분야는 인력파견형, 시장형으로 나뉜다.

공공분야의 공익형은 공공의 이익과 사회적인 유용성이 강한 일자리로 지방자치

5) 노인복지총서 시리즈 Ⅲ 《노인일자리사업》에 보다 자세하게 설명되어 있다.

단체나 공공기관에서 이루어지는 일자리사업이다. 교육형은 다양한 경험과 교육을 통해 지식을 보유하고 있는 노인이 다양한 계층을 대상으로 하여 경륜과 지식을 전달하는 일자리사업으로 공익형보다는 참여자가 갖춘 능력을 인정하고 발전시키는 기회가 되는 일자리라고 할 수 있다. 마지막으로 복지형은 노인이 서비스를 받는 대상만이 아닌 서비스를 제공하는 대상으로서의 역할을 부여하는 것을 말한다. 즉, 소외계층이 안정적인 생활을 유지하고, 사회에 적응할 수 있도록 지원하는 일자리이다.

2011년 현재 공공분야의 노인일자리 유형을 살펴보면 | 표 3-5 |와 같다.

| 표 3-5 | 공공분야 일자리

구분	분류	세부사업명
공익형	미래세대 지원사업	• 초등학교 급식도우미사업
	자원회수 및 재활용사업	• 폐현수막 재활용사업 • 폐의약품 회수사업
	녹색환경 관리지원사업	• 자전거 보관관리 및 수리지원사업 • 친환경 EM활용사업
	지역사회 관리지원사업	• 지역사회 환경개선보호사업 • 지역사회 문화재관리지원사업
	공공질서 계도지원사업	• 주정차질서 계도지원사업 • 지하철이용질서 계도사업 • 스쿨존 교통지원사업
	공중이용시설 관리지원사업	• 도서관 관리지원사업 • 생활근린시설 관리지원사업 • 공공의료기관 및 복지시설 관리지원사업
	기타 지역특화사업	• 묘지상담도우미사업 • 기타(지역특화)사업

구분	분류	세부사업명
교육형	학습지도 강사파견사업	• 1~3세대 강사파견사업 • 노-노교육 강사파견사업 • 체육건강 강사파견사업
	전문해설 및 안내지원사업	• 숲생태 해설사업 • 문화재 해설사업 • 기타 안내지원사업
	기타 지역특화사업	• 기타(지역특화)사업 • 노인일자리 모니터링 사업
복지형	소외계층 돌봄지원사업	• 독거노인 돌봄지원사업(노노케어) • 거동불편노인 돌봄지원사업(노노케어) • 생활시설이용자 돌봄지원사업(노노케어) • 노인학대예방사업 • 장애인 돌봄지원사업 • 청소년 보호지원사업 • 지역아동센터 연계지원사업
	가족친화 지원사업	• 다문화가정 지원사업 • 한부모가족 지원사업
	주거환경개선 지원사업	• 주거환경개선 지원사업
	문화복지 지원사업	• 문화복지 지원사업
	기타사업	• 기타(지역특화)사업

출처: 보건복지부(2011a). 2011년 노인일자리사업 종합안내.

민간분야에서 인력파견형은 어떤 특정한 수요처에서 업무와 관련된 일정한 교육을 수료하거나 기존에 업무와 관련된 능력을 갖춘 노인이 일정 보수를 받고 근로하는 경우를 말한다. 시장형은 노인에게 적합한 소규모 창업이나 전문직종 사업단을 공동으로 운영하여 창출되는 일자리로서 추가 사업소득이 발생한다는 점에서 다른 일자리와 차이가 있다. 2011년 현재 민간분야의 노인일자리 유형을 살펴보면 | 표 3-6 |과 같다.

| 표 3-6 | 민간분야 일자리

구분	분류	세부사업명
인력 파견형	일회성 파견사업	• 시험감독관 파견사업 • 가정도우미 파견사업 • 지역일손도우미 파견사업 • (기타)일회성 통합사업
	지속 파견사업	• 주유원 파견사업 • 경비원 파견사업 • 청소 및 미화원 파견사업 • 식당보조원 파견사업 • (기타)지속 통합사업
시장형	일자리 지속형	• 공동작업장 운영사업 • 지역영농사업 • 특산물제작 및 판매사업
	수익 창출형	• 식품제조 및 판매사업 • 매장운영사업 • 공산품제작 및 판매사업 • 아파트택배 • 지하철택배 • 세차 및 세탁사업 • 기타 서비스사업

출처: 보건복지부(2011a). 2011년 노인일자리사업 종합안내.

② **노인일자리사업의 주요 수행기관**(사례: 화성시남부노인복지관)

노인일자리사업은 일자리를 희망하는 노인이 증가함에 따라 향후 더욱 많은 일자리가 창출되고 확대될 것으로 전망된다. 따라서 사업을 추진하는 주요체계뿐만 아니라 전반적인 노인일자리사업을 관리하는 수행기관의 역할이 더욱 중요하게 부각될 것이다. 현재 지방자치단체, 시니어클럽, 노인복지관, 대한노인회, 노인복지센터, 실버인력뱅크, 종합복지관 등이 노인일자리사업의 주요 수행기관으로서 역할을 수행하고 있다. 특히, 화성시남부노인복지관은 노인일자리사업을 수행하는 세 가지의 대표기관이 함께 운영되고 있다.

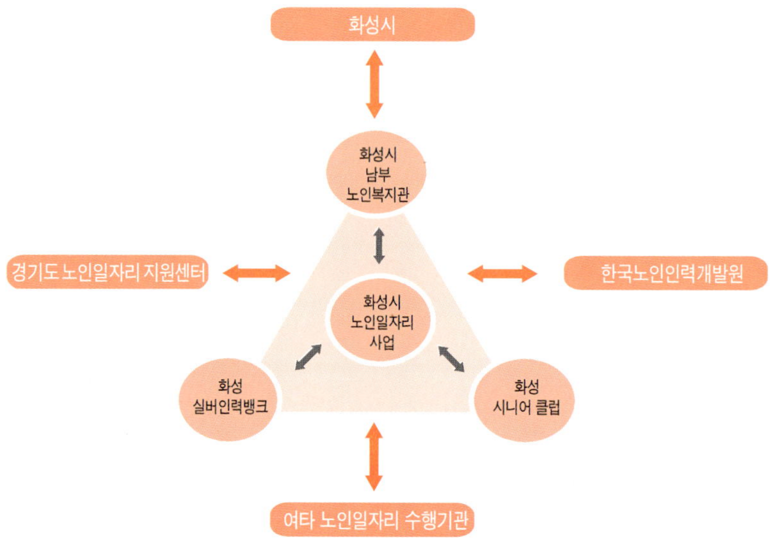

| 그림 3-6 | 화성시남부노인복지관 노인일자리사업 수행체계

화성시남부노인복지관은 교육형, 공익형, 시장형, 복지형의 일자리사업을 운영하고 있으며, 화성실버인력뱅크는 공익형, 복지형, 인력파견형, 화성시니어클럽은 인력파견형, 시장형의 사업이 운영되고 있다. 각자 상이한 사업을 운영하고 있지만, '노인복지관에서만 할 수 있는, 실버인력뱅크에서만 할 수 있는 사업' 의 분류가 아직 불명확한 상황이다.

시니어클럽은 장기적으로 시장형 사업을 통해 수익을 창출해 내는 구조로 발전할 것이라는 비가시적이지만 분명한 방향은 갖추고 있다. 향후에는 노인복지관과 실버인력뱅크 사이의 경계선을 명확히 하여 각 수행기관별로 고유의 일자리사업을 추진해야 할 것이다. 특히, 시 · 군 · 구별로 자체계획을 수립하여 노인일자리사업 수행기관별 사업규모와 예산 등을 배분하는 현 구조에서 노인 인력의 근로욕구를 충족시키기 위한 수행기관별 맞춤형 일자리를 분류하여야 할 것이다. | 표 3-7 | 은 수행기관 별 사업현황을 나타낸 것이다.

| 표 3-7 | 수행기관별 사업현황 (2011년 9월 기준)

세부사업 \ 수행기관	화성시남부노인복지관	화성실버인력뱅크	화성시니어클럽
사업유형수	3개	3개	4개
사업단	7개	8개	7개
참여인원	232명	247명	226명
예산	353,270,000원	329,610,000원	262,700,000원

출처: 화성시남부노인복지관 내부자료(2011).

쉬어가기

취업알선을 위한 주요 수행기관

우리는 각기 나눠진 사업단에 따라 일자리를 배정하여 그에 해당하는 노인 인력을 선발 및 관리하는 노인일자리사업에 대해 앞서 소개하였다. 이 외에도 노인의 경제활동을 위해 취업알선을 목적으로 하는 주요 수행기관이 운영되고 있으며, 사업단별로 사업을 추진하는 게 아니라 기존에 존재하고 있는 근로현장과 노인을 연결하는 중개자의 역할을 수행하는 중간다리 역할을 하고 있다.

■ 취업지원센터

취업상담이나 직업교육, 취업알선을 희망하는 노인을 대상으로 상담, 알선, 취업, 연계 · 조정 및 사후관리를 실시하는 기관이다. 뿐만 아니라 지역사회 내 업체나 기관을 대상으로 노인 구인처를 개발하거나 구인 및 구직자에 대한 지속적인 홍보활동을 추진함으로써 지역사회 내 노인 취업정보 네트워크 구축을 위한 노력을 해오고 있다. 현재 대한노인회 지회에 위치해 있으며 노인일자리사업 민간분야 일자리도 함께 운영하고 있다.

■ 고용지원센터

취업알선을 희망하는 모든 노인을 대상으로 한다. 고령자고용촉진법에서는 55세 이상의 고령자라고 표기되어 있지만, 구인처마다 연령대를 표기하므로 자격기준에서 연령의 차이는 존재하기도 한다. 고용지원센터에서는 취업지원과 취업 전 준비교육을 실시하고 있다. 관할 주소지 고용지원센터나 홈페이지를 통해 신청하면 일반적인 취업단계와 유사한 이용절차(취업알선→취업면접→채용)를 거쳐 구직활동을 시작하게 된다.

■ 지역별 취업알선센터

- 고령자취업알선센터(문의전화: 국번없이 1588-1877)는 만 55세 이상의 서울시 거주자를 대상으로 취업알선과 관련된 서비스를 제공하는 기관으로 서울특별시의 각 구에만 설치되어 있는 기관이다. 취업교육과 정보제공, 취업알선의 역할을 중심으로 전문성을 향상시키기 위한 취업교육을 실시하고 있으며, 연 2회(상하반기) 실버취업박람회를 개최하여 일자리 마련에 노력하고 있다.
- 경기희망일터는 경기도에 거주하는 만 55세 이상의 도민을 대상으로 경기희망일터 본사 및 13개 지점을 통해 접수에서부터 상담, 직무교육 및 소양교육, 채용까지의 서비스를 제공한다. 본 기관에서는 청소용역(위생환경관리), 시설경비(경비용역), 돌봄 서비스(산모신생아 도우미), 도시락 판매 등의 사업을 운영하고 있다. 현재 경기도노인일자리지원센터에서 본사를 운영하고 있으며, 본사에 가입한 각 경기도 내 실버인력뱅크와 시니어클럽이 허브기능을 수행하고 있다.

(2) 시니어창업

최근 유엔(UN)의 인구전망보고서는 2050년에는 경제활동인구 100명 중 노인이 63명을 차지할 것이라는 결과를 발표하였다. 특히 베이비붐 세대의 정년퇴직이 본격화되면서 창업에 대한 수요가 급증하고 있으며, 퇴직자에 대한 사회인식 전환을 통해 경제활동 참여, 기업가 정신 계승(세대 간 상생창업)을 유도할 필요가 있다.

시니어창업은 노인들의 사회적 경험과 지식을 활용할 수 있는 다양한 노인적합형 일자리를 개발하고 이에 참여할 수 있는 여건을 조성하여 노인의 삶의 질 향상을 도모한다는 데에서 의미하는 바가 크다. 또한 건강한 삶을 위해 하고 싶은 일을 하며 행복과 보람을 창출하고, 퇴직 이후에 새로운 일을 주체적으로 시작한다는 점에서 중요하게 인식될 수 있다.

1 준비해야 할 것

① 시니어창업자의 준비

시니어창업은 큰 명예를 얻거나 돈을 벌겠다는 욕심보다는 여생을 윤택하게 준비하고 자신이 즐겁게 생활하는 데 필요한 용돈 정도를 벌겠다는 마음가짐 정도로 시작하는 것이 좋으며, 무리한 창업은 금물이다.

또한 과거에 연연하여 화려했던 과거의 직업이나 경험 등 과거 자신의 모습이 지금도 이어질 것이라는 착각은 위험할 수 있으므로, 과거에 연연하지 않는 것이 좋다. 그리고 창업은 반드시 체력을 고려해야 하며, 기술, 경험 등이 많이 필요하거나 시장변화가 급격하고 경쟁 강도가 심한 업종은 피해야 한다.

TIP 시니어창업자의 준비사항

1. 실현 가능한 범위로부터 시작하라(모험보다는 안전).
2. 자신의 현 조건/상황에 맞게 시작하라.
3. 단계를 밟아서 시작하라(천리 길도 한걸음부터).
4. 작게 시작하되 철저히 준비하고 계획하여 시작하라.
5. 반드시 현장중심으로 철저히 조사하라.
6. 든든한 후원세력을 구축하라.

출처: 경기도노인일자리지원센터(2010). 활기찬 노후를 위한 시니어 창업스쿨.

② 창업절차 및 과정

창업을 시작하려고 한다면 무엇을 어떻게 준비해야 할지 막막함을 느끼게 될 것이다. 따라서 창업 추진시 반드시 갖추어야 할 조건과 단계별 절차를 체크하면서 빈틈없이 창업을 준비할 수 있도록 안내하고자 한다. 창업절차 및 과정에 있어서 무엇보다도 가장 중요한 것은 창업계획을 창의적이면서도 동시에 현실성 있게 수립하는 것이다. 창업계획의 과정은 다음 | 그림 3-7 |과 같다.

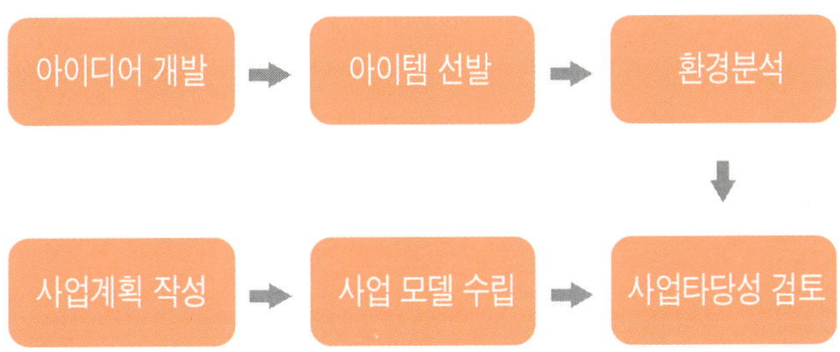

| 그림 3-7 | **창업계획의 과정**

③ 창업의 성공요인과 실패요인

성공요인	실패요인
• 나이는 숫자일 뿐, 자신감 충만, 시작이 반, 지금 시작하려는 마음가짐 • 기대수익 높게 잡지 말고, 경험과 연륜 활용 • 건강고려, 적성 맞고, 전망 있는 아이템 선정 • 핵심기술 개발 및 전략을 보유하여 프로의식 갖고 철저히 관리 • 고객감동을 실현하는 서비스 의식을 갖기 위해 지속적인 교육	• 지나친 자존심 → 고객응대 및 관리소홀 → 운영 미숙 → 무사안일 → 자신감 결여 → 실패에 대한 두려움

2 아이템은 신중하게 선정하자

① 아이템 선정과정

아이템 탐색	→	아이템 스크리닝	→	창업자금 분석	→	아이템 시장조사	→	아이템 관련 현장체험
– 아이템 탐색과정 – 아이템 평가체크 – 유행/유망 아이템 분석 – 창업자 아이템 적합도 파악		– 아이템 활용방법 도출 – 아이템 타겟층 분석 – 적합상권 파악		– 개인별 창업자금 분석 – 아이템별 소요자금 조달방법 분석 – 각종 창업 자금 지원책 조사 – 자금규모 산출		– 최상의 창업방법 도출을 위한 시장조사 – 주 타겟층 확정 – 거래처 확보 및 공급선 조사		– 창업을 위한 적응능력 분석 프로그램 – 현장 교육 및 체험 실시 – 적응 실패시 타 업종 탐색

| 그림 3-8 | 아이템 선정과정

② 아이템 구상 · 발굴방법

TIP 아이템에 대한 정보수집

1. 사업자 및 경험자 면담을 통한 정보수집
2. 인터넷을 통한 정보수집
3. 관련 시장을 방문하여 상품정보, 경향 파악
4. 지방이나 해외여행을 통한 시장 정보수집
5. 신문, TV, 잡지 등을 통한 정보습득
6. 동창, 지인 등을 통한 정보습득
7. 창업박람회, 프랜차이즈 박람회 등을 견학하여 정보수집
8. 소상공인지원센터 창업교육 수강을 통한 정보수집
9. 우수 성공사례 등을 통한 노하우 습득
10. 우수 점포를 통한 벤치마킹

TIP 아이템 구상과 발굴

사업 아이템은 자신이 소유하고 있는 것으로부터 생활 가까운 주변부터 찾는 것이 원칙으로 싫증나지 않고 좋아할 수 있는 관심도가 높은 것, 자신이 누구보다 잘할 수 있는 것, 자신이 소유하고 있는 경험, 지식, 재능을 활용할 수 있는 부문, 모두가 필요로 하지만 현재 사업화되지 않은 부문으로 구상하여 기획하는 것이 바람직하며 사회적 기회 발견을 위하여는 자신의 주변과 사회에 대한 지속적인 관심을 통해 사회에서 필요한 요소와 가치를 찾아내고 발전시킬 수 있어야 한다.

③ 사업 아이템 구상 원칙

TIP 사업 아이템을 구상하는 데 유용한 원칙

1. 먼저 자신의 주변에서 찾을 것: 재능, 경험, 기술, 소유물 등을 활용하여 구상
2. 자신의 환경과 여건을 고려하여 자신에게 적합한 아이템을 구상
3. 구상하고자 하는 창업 아이템은 반드시 문서로 정리하고 기록
4. 사업계획을 수립하고 철저히 현장조사 중심으로 준비

④ 사업 아이템 발굴 기법

사업적으로 응용 가능한 분야, 이미 개발된 방법 및 기술, 활용되고 있는 상품 및 서비스, 이미 활용되고 있는 사업 아이디어나 사업을 바탕으로 미충족된 수요나 문제점, 개선가능 대안을 발견하는 것이 필요하다. 시장발견을 위하여는 각종 뉴스 및 콘텐츠 조사, 분야별 박람회나 동호회 또는 커뮤니티 등을 활용하고 생활주변을 관찰하여 불편요소, 개선요소를 파악하고 개발과 개선이라는 방법을 통해 보완하여 보다 향상된 모델로 발전시켜 나가야 한다.

⑤ 창업 아이템 선정시 고려사항

창업 아이템 선정시 고려 사항을 정리하면 다음 | 표 3-8 |과 같다.

| 표 3-8 | 창업 아이템 선정시 고려사항

항목	선정원칙
창업자 환경 (경험, 연령, 적성)	• 전문지식, 경험, 경력을 활용할 수 있는 아이템 • 자신의 적성과 잘 맞는 아이템/자신과 잘 맞는지
고객층 분석	• 대중적인 고객층을 확보할 수 있는 아이템, 잠재고객층이 넓은 아이템
투자대비 효용성	• 투자비용이 상대적으로 적은 아이템 • 투자대비 수익 효율성이 높은 아이템 • 자신의 자금 상황과 맞는 아이템
자금조건	• 자신의 자금조건상황과 맞는 아이템
인원 및 운영성	• 상대적으로 고용인원이 적게 소요되고 운영관리가 용이한 아이템
계절성	• 상대적으로 계절에 영향을 적게 받는 아이템 • 계절적 요소를 적게 받는 아이템(원자재)
법률적 문제	• 법적 소지를 일으키지 않는 아이템 • 법적 소지를 일으킬 요소를 해결하거나 대책을 마련
내외 환경	• 사회환경 변화에 민감하지 않은 아이템 • 사회환경 변화에 영향을 적게 받는 아이템
경쟁성	• 경쟁이 적고 경쟁시 우위 요소를 확보할 수 있는 아이템
차별적 요소	• 타 사업 아이템에 비해서 차별적 요소를 갖고 있는 아이템

출처: 경기도노인일자리지원센터(2010). 활기찬 노후를 위한 시니어 창업스쿨.

⑥ 성격에 맞는 창업 아이템

사람들마다 지닌 각각의 성격에 맞는 창업 아이템을 정리하면 다음 | 표 3-9 |와 같다.

| 표 3-9 | 성격에 맞는 창업 아이템

성격		예시
사교적/외향적	유통판매, 세일즈사업	웨딩이벤트, 인력공급, 고용알선업
소극적/내성적	생활용품, 신변잡화	아동의류/신발할인판매, 완구, 팬시점
침착/연구형	교육사업, 컨설팅	도서/CD/학습교재대여, 학원, 독서실
탐구/아이디어형	발명가, 벤처사업	정보통신업, S/W개발 및 공급분야
인내형 성격	외식업, 개인서비스업	전문음식점, 단체급식전문업, 출장업
원칙주의형	공급자 중심형	사업전기/전자제품 및 주택관련 수리업
저돌적 추진형	고객서비스업	건강 및 레포츠사업, 건설업, 주점

출처: 경기도노인일자리지원센터(2010). 활기찬 노후를 위한 시니어 창업스쿨.

⑦ 창업 아이템 항목별 고려사항

창업 아이템 항목별 고려사항을 정리하면 다음 | 표 3-10 |과 같다.

| 표 3-10 | 창업 아이템 항목별 고려사항

구분	내용
사업성 · 입지	• 해당지역 시장분석상 입지가 업종에 적합한가? • 시장의 경쟁현황과 전망은 양호한가? • 예상되는 고객의 수는 어느 정도인가? • 잠재고객수의 증가는 예상되는가? • 예상되는 고객의 수는 어느 정도인가?
수익성	• 투자비용에 비해 수익전망은 양호한가? • 손익분기점은 언제인가? • 1년 이내 흑자 실현이 가능한가? • 원자재 조달이 용이하고 값은 안정적인가? • 노동력 공급이 용이하며 저렴한가?
상품성	• 창업자 자신이 잘 아는 상품인가? • 고객에게 인기도/경쟁력은? • 영업 및 A/S 가능 여부는? • 상품조달 및 공급 용이성은?
외부환경	• 인 · 허가 문제에서 미비한 점은 없는가? • 경쟁업체/거래업체와의 분쟁 소지여부는? • 취급상품의 단종가능 상품 여부?
내부환경	• 본인의 경험여부/본인의 성격과 체력/아이템에 대한 전문성/자금조달 규모/본인의 능력

출처: 경기도노인일자리지원센터(2010). 활기찬 노후를 위한 시니어 창업스쿨.

쉬어가기

쉽게 얻는 시니어 창업 정보

1. 시니어넷(소상공인진흥원)

시니어넷은 어르신들의 창업 전후에 필요한 활동, 정보, 교육서비스를 지원해 주고 있다.

- 무엇을 얻을 수 있나?
  - 시니어창업스쿨 등록
  - 성공창업을 위한 그룹별 커뮤니티 운영
  - 성공창업 행사 등록
  - 창업자료 검색
  - 창업역량 검사

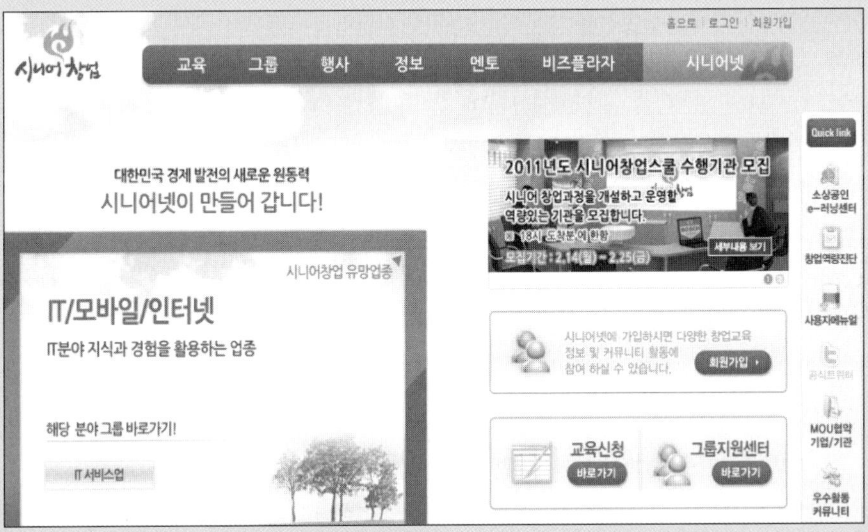

▶ 홈페이지 주소: http://www.seniorok.kr

2. 시니어창업스쿨

시니어 예비창업자를 위해 유망업종별 교육과정을 개설하여 성공적인 창업을 지원하기 위한 과정이다.

• 교육개요
  – 교육연령: 만 40세 이상
  – 경력: 기업, 기관 근무 10년 이상 퇴직(예정)자
  – 모집기간: 매년 9~11월
  – 교육시간: 60시간/1개 과정(약 1개월 소요)
  – 교육비용: 125,000원(정부지원금 125만 원, 교육생부담 10%)
  – 교육신청: www.seniorok.kr 접속▶회원가입▶교육일정 확인▶희망 교육과정 신청▶선발▶창업스쿨 참여

3. 시니어 비즈플라자

시니어 비즈플라자는 창업, 취업을 준비하는 시니어를 위한 오프라인 커뮤니티 공간이다.

• 이용대상: 10년 이상의 직장경력을 갖추고 관련 경력의 활용이 가능한 만 40세 이상 60세 미만의 시니어가 이용할 수 있다.
• 제공서비스
  – 시니어의 경제활동 전반에 관련된 정보 제공
  – 창업, 취업 관련 상담, 컨설팅 등 전문가 자문 서비스 제공
  – 커뮤니티 모임장소 및 사무공간 제공
  – 맞춤형 정기 세미나 및 교육지원
• 이용방법

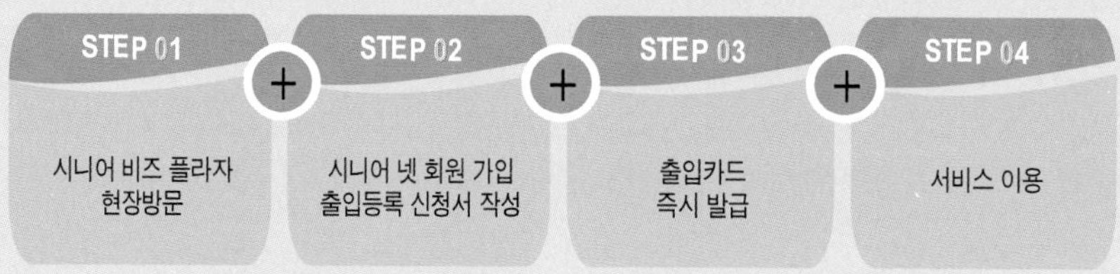

TIP 창업관련 유관기관 홈페이지

1. 정부관련부처

- 중소기업청(www.smba.go.kr)
- 지식경제부(www.mke.go.kr)
- 문화관광부(www.mct.go.kr)
- 특허청(www.kipo.go.kr)

2. 정부지원 및 정보제공단체

- 소상공인진흥원(www.sbdc.or.kr)
- 창업진흥원(www.ikedi.or.kr)
- 중소기업청 창업넷(www.changupnet.go.kr)
- 중소기업청 비즈인포(www.bizinfo.go.kr)
- 중소기업진흥공단(www.sbc.or.kr)
- 창업보육센터 네트워크(www.bi.go.kr)
- 기술신용보증기금(www.kibo.or.kr)
- 신용보증기금(www.kodit.co.kr)
- 1인 창조기업 지원센터(www.ideabiz.or.kr)
- 소상공인지원센터(www.sbdc.or.kr)
- 경기 소상공인지원센터(www.gsbdc.or.kr)

3. 유관기관 및 민간단체

- 벤처기업협회(www.venture.or.kr)
- 한국 창업경영컨설팅협회(www.kmcca.net)
- 한국 기업기술가치평가협회(www.valuation.or.kr)
- 한국 소자본창업컨설팅협회(www.consultant.or.kr)
- 시니어넷(www.seniorok.kr)

3) 건강한 노후생활: 건강

노년기의 건강은 생존과 가장 밀접한 연관이 있다. 더욱이 수명이 연장됨에 따라 건강은 삶의 질을 결정짓는 가장 핵심적인 요인으로 단순히 수명이 길다는 것에 만족하지 않고 얼마만큼 건강한 삶을 이어가느냐가 중요하다.

노년기의 건강이 중요한 또 다른 이유는 당사자뿐만 아니라 가족에게도 큰 영향을 미치기 때문이다. 따라서 건강한 노후생활을 위한 사회제도적 노력은 주로 노인과 부양가족의 삶의 질까지 고려하고 있다.

(1) 노년기 정신적 건강을 위한 제도

신체적 노화가 여러 다양한 의학이나 기술로 인해 극복이 가능해짐에 따라 보이지 않는 정신적인 노화 혹은 변화에 대응하기 위한 방안이 제도로서 마련되고 있다. 대표적인 것이 바로 치매이다. 치매는 그 원인도 다양하여 조기에 발견하고 치료하는 것이 가장 중요하다. 또한 치매로 인해 나타나는 다양한 이상 행동들은 당사자와 가족의 큰 고통과 부담을 주고 나아가 사회에도 영향을 미치므로 국가적 차원에서 치매환자와 가족에 대한 개입을 시도하고 있다.

치매조기검진사업은 치매를 예방하고 검진을 통해 발견된 치매노인에게 적절한 치료와 서비스를 연계 · 지원하기 위한 제도로서, 2010년도부터 전국 모든 보건소로 확대 실시되었다. 60세 이상 노인을 대상으로 치매조기검진을 실시하되 저소득층에 한해서 우선권을 부여하며 보건소장이 필요하다고 인정하는 경우에 한해서 검진이 실시된다.

검진 절차는 우선 보건소에서 치매선별검사를 받게 된다. 그리고 다음으로 진단검사가 필요하다고 판단되는 경우에 거점병원에서 전문의의 진찰 및 치매척도검사, 치매신경인지검사, 일생상활척도검사 등을 통해 검사를 받고 1개월 이내에 검진결과를 통보받게 된다. 진단검사에서 나타난 결과에 대한 원인은 감별검사를 통해 알고자 하는데, 이 경우 본인부담금이 발생한다. 이와 같은 조기검진은 그 결과에 따른 조치가 이루어진다. 우선, 정상이거나 치매고위험군일 경우 치매예방 프로그램과 연계하여 참여할 수 있도록 유도하고, 치매군에 속할 경우 치매환자로 등록하여 장기요양 보험서비스나 인지재활 프로그램 등을 통하여 관리에 들어간다.

치매조기검진사업이 예방적 차원이었다면, 치매상담센터는 관리적인 측면이라고 할 수 있다. 치매상담센터는 지난 1998년 노인복지법 시행규칙에 따라 설치가 의무화된 기관으로서 치매노인을 등록하고 관리하여 보다 건강한 삶을 누릴 수 있도록 하는 데 목적을 가지고 운영되는 센터이다. 뿐만 아니라 치매노인과 그 가정에 대한 상담 및 지원도 실시하고 있어 치매가정의 부담을 경감시키고 치매노인 가족 간의 모임을 활성화하여 서로간의 친목도모 및 정보공유가 활발히 이루어지도록 지원하고 있다. 관리적인 측면에서 또 다른 사업은 치매치료관리비 지원사업이다. 이는 치료제를 복용중인 치매환자에 한해 신청을 하는 경우 선정기준에 적합한 대상자에게 치매치료관리비를 지원하는 제도이다. 선정기준에는 연령기준(만 60세 이상), 건강기준, 치료기준, 소득기준이 있으며, 만약 신청을 희망한다면 질병분류코드나 약제에 대한 어려움이 발생할 수 있으므로 관할 보건소에 의뢰하여 각 기준에 부합되는지 여부를 확인하면 도움이 될 것이다.

쉬어가기

치매상담센터 운영 및 치매조기검진사업

출처: 공공보건포털(http://phi.mw.go.kr) 정책카툰 〈치매상담센터 운영 및 치매 조기검진 사업편〉.

(2) 노년기 건강과 가족을 위한 제도

노인장기요양보험제도는 고령이나 노인성 질병 등으로 일상생활(목욕, 가사 등)을 혼자 수행하기 어려운 노인들에게 신체활동 및 가사지원 등의 서비스를 제공하는 제도이다. 신청대상은 소득수준과 상관없이 노인장기요양보험 가입자와 그 피부양자, 의료급여수급권자로서 65세 이상 노인과 64세 이하 노인성 질병(치매, 뇌혈관성질환, 파킨슨병 등 보건복지부장관이 정하여 고시한 질병)이 있는 자로 공단지사에서 접수하면 등급위원회의 판정에 따라 30일 이내 등급을 판정받게 된다. 장기요양이 필요한 등급은 최중증(1등급), 중증(2등급), 중등증(3등급)으로 나뉘어 판정된다.

| 표 3-11 | 등급별 장기요양인정 점수 및 필요한 기능

등급	기능상태수준
최중증(1등급)	• 장기요양인정 점수: 95점 이상 • 와상상태로서 거의 일상생활이 불가능한 상태 – 하루 종일 침대 위에서 생활하는 자로 스스로 움직일 수 없는 와병상태 – 일상생활활동의 식사 · 배설 · 옷 벗고 입기의 모든 활동에선 전적으로 다른 사람의 도움 필요
중증(2등급)	• 장기요양인정 점수: 75~95점 이상 • 일상생활이 곤란한 중증의 상태 – 휠체어를 이용하지만 앉은 자세를 유지하지 못함 – 식사 · 배설 · 옷 벗고 입기 등에서 다른 사람의 완전한 도움이 필요 – 하루 중 대부분의 시간을 침대 위에서 지내는 경우가 많음
중등증(3등급)	• 장기요양인정 점수: 55~75점 이상 • 상당한 장기요양보호가 필요한 상태 – 식사 · 배설 · 옷 벗고 입기 등에서 다른 사람의 부분적 도움이 필요

출처: 보건복지부(http://www.mw.go.kr).

장기요양인정서가 도달한 날부터 장기요양등급을 받을 수 있게 된다. 장기요양보험의 급여는 재가급여, 시설급여, 특별현금급여로 나누어진다. 재가급여는 다시 방문요양과 방문목욕, 방문간호, 주 · 야간보호, 단기보호, 기타재가급여로 분류된다. 방문요양과 방문목욕, 방문간호는 장기요양요원이 직접 내방하여 서비스를 제공하는 급여를 말하며, 주 · 야간보호는 수급자가 장기요양기관에서 일정한 시간 동안 서비스를 제공받는 급여를 말한다. 또한 부득이한 사유로 일시적으로 가족의 보호를 받을 수 없는 수급자에게 일정기간 동안 시설에 보호하여 신체활동 지원과 심신기능의 유지 · 향상을 위한 교육 · 훈련 등을 제공하는 단기보호와, 수급자의 일상생활 · 신체활동 지원에 필요한 용구를 제공하거나 가정을 방문하여 재활에 관한 지원 등을 제공하는 기타재가급여가 있다.

시설급여는 노인의료복지시설에 장기간동안 입소하여 서비스를 제공받는 요양급여를 말한다.

특별현금급여에는 가족요양비, 특례요양비, 요양병원간병비 세 가지 종류의 급여가 존재한다. 가족요양비는 장기요양기관이 현저히 부족한 지역(도서 · 벽지)에 거주하는 자, 천재지변 등으로 장기요양기관이 실시하는 장기요양급여를 이용이 어렵다고 인정된 자, 신체 · 정신 · 성격 등의 사유로 가족 등이 장기요양을 받아야 하는 자에게 지급되는 급여이며, 특례요양비는 수급자가 장기요양기관으로 지정되지 않은 장기요양시설 등의 기관과 재가 또는 시설급여에 상당한 장기요양급여를 받은 경우 장기요양급여 비용의 일부를 지급하는 제도이다. 요양병원간병비는 수급자가 노인복지법상의 노인전문병원 또는 의료법상의 요양병원에 입원한 때에 장기요양에 사용되는 비용의 일부를 지급하는 급여이다.

이와 같은 서비스에 대한 비용부담은 재가급여의 경우 15%, 시설급여 20% 본인이 부담하여야 하며, 의료급여수급권자, 소득, 재산 등 보건복지부장관이 정하여 고시하는 일정 금액 이하인 경우는 본인부담금을 50% 경감(15%→7.5%, 20%→10%)하여 부담한다.

쉬어가기

사례: 화성시남부노인복지관 부설 주간보호센터

주간보호센터는 장기요양보험 급여 중 재가급여에 속하며, 장기요양수급자를 하루 중 일정한 시간동안 장기요양기관에 보호하여 목욕, 식사, 기본간호, 치매관리, 응급서비스 등 심신기능의 유지향상을 위한 교육, 훈련 등을 제공하는 급여이다.

1. 등급별 서비스 비용(2011년)

구분(단위: 원/일)		1등급	2등급	3등급
주·야간 보호	3시간 이상~6시간 미만	24,960	22,740	19,140
	6시간 이상~8시간 미만	33,280	30,320	25,520
	8시간 이상~10시간 미만	41,600	37,900	31,900
	10시간 이상~12시간 미만	45,760	41,690	35,090
	12시간 이상	49,920	45,480	38,280

※ 본인부담금은 총 급여의 15%이며, 의료급여수급권자 등 저소득층은 1/2로 경감하여 7.5% 감면, 국민기초생활수급권자는 무료이다.

※ 비급여 항목(식사재료비, 간식비, 의료비 등)은 본인부담이다.

2. 주간보호센터 일과진행표

시간	월	화	수	목	금
09:00~10:00	송영서비스				
10:00~11:00	티타임(생활명상), 건강 체조				
11:00~12:00	원예치료	음악치료	종이접기	웃음치료	클레이아트
12:00~13:30	점심시간(양치, 휴식), 건강 체크(혈압, 체온, 당뇨, 투약관리)				
13:30~14:30	물리치료 1	재활운동	장수체조	재활운동	치매예방사업
14:30~15:00	미술치료	생활명상	발마사지	민요교실	치료 레크레이션
15:30~16:00	간식시간				
16:00~17:00	송영서비스				

Q 특정한 질병이나 건강상식에 유용한 홈페이지는 어디가 있나요?

A 국민들의 2대 질환인 고혈압, 당뇨병 그리고 공공보건포털사이트가 있지요.

고혈압은 일반적으로 뚜렷한 증상이 없는 것이 보통이며, 혈압이 높을수록 증상이 강하게 오는 것은 아니다. 일부 사람만이 종종 뒷머리가 띵하거나 어지럽거나, 쉽게 피로해지는 등의 증상을 호소한다. 하지만 대다수의 많은 환자들은 증상을 느끼지 못하고 생활하다 합병증이 생겨 고혈압이 있음을 알게 되는 경우가 많다. 국민고혈압사업단 홈페이지(www.hypertension.or.kr)를 통해 고혈압에 대한 쉽고 빠른 이해와 관리법, 나의 건강상태에 대한 정보를 손쉽게 얻을 수 있다.

출처: 국민고혈압사업단(http://www.hypertension.or.kr).

자가 혈당 측정은 당뇨병 환자에게 매우 중요하다. 경북대학교 당뇨병센터는 당뇨정보와 관리법에 대해 자세하게 하여 일상생활에 필요한 정보를 얻을 수 있다. 홈페이지(www.knuhdmc.or.kr)를 방문하여 상단의 당뇨정보 메뉴를 참고하면 된다.

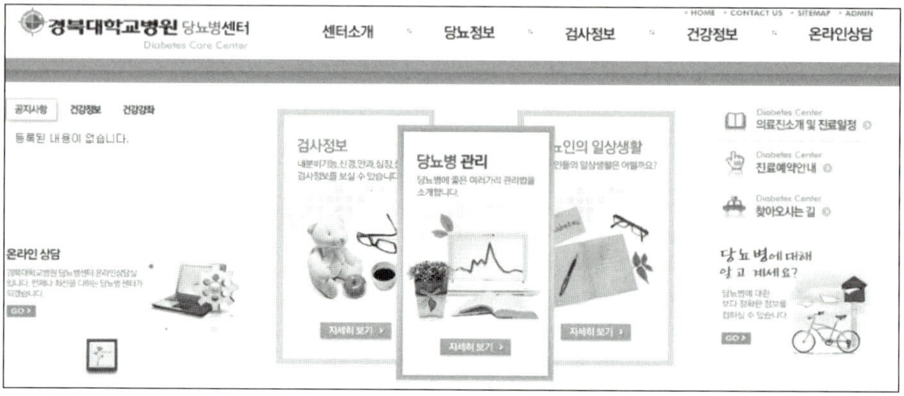

출처: 경북대학교 당뇨병센터(http://www.knuhdmc.or.kr).

전문적인 의료기관을 소개하여 빠른 시일 내에 올바른 진단을 받는 것도 중요하다. 공공보건포털사이트(http://phi.mw.go.kr)를 통하여 서비스이용자가 거주하는 지역 내 의료기관에 대해 소개할 수 있으며, 자가측정이나 노년기에 필요한 의료서비스를 한눈에 볼 수 있다.

출처: 공공보건포털(http://phi.mw.go.kr).

4) 신명나는 노후생활: 여가

은퇴연령이 짧아지고 평균수명은 길어짐에 따라 은퇴 후 약 20~30년 이상의 삶을 살아야 하는 시대가 왔다. 노년기는 어느 연령대보다 본인의 취향과 욕구에 기반을 둔 선택이 독립적인 시기라고 할 수 있다. 과거 인생의 주기가 짧은 시대에는 '짧고 굵게 사는 것' 에 초점을 두어 앞만 보고 달려왔다면, 이제는 삶의 질의 측면에서 더 행복한 노후를 보내기 위한 노력들을 해나가고 있다.

여가는 한마디로 자신 스스로가 선택하여 실천할 때 즐겁고 행복함을 느끼는 모든 활동이다. 특히, 어느 세대보다 여가시간이 긴 노년층의 경우 어떤 여가생활을 유지하느냐는 삶의 질과 깊은 연관이 있다.

각 개인마다 취향이 존재하는 것과 같이 여가 역시 개인마다 선호하는, 또는 개인에게 맞는 종류가 각기 다르다. 이처럼 각 개인마다 본인이 즐기며 하는 활동의 틀을 여가꼴이라고 한다. 여가꼴은 그간 축적해 온 여가꼴이 있는가 하면 자신에게 더 맞는 여가꼴을 개발하여 발전시킬 수도 있다. 따라서 무엇보다 중요한 것은 자신이 어떠한 여가꼴을 형성하여 유지해 나아가느냐가 노후생활에 큰 영향을 미친다는 사실이다.

여가꼴의 구성요소는 크게 4가지로 나뉜다. 혼자 여가를 즐기는 홀로형(Solo), 혼자보다는 타인과 함께 해야만 즐거움을 느끼는 집단형(Group), 신체보다는 정신적인 즐거움을 추구하는 정신형(Mental), 반대로 정신보다는 신체적 즐거움을 추구하는 신체형(Physical: 신체적인 만족을 위해 즐기는 유형)이 있으며 이러한 구성요소들이 합쳐져서 SM형(혼자 정신형), SP형(혼자 신체형), GM형(함께 정신형), GP형(함께 신체형)의 여가꼴을 만들어 낸다.

그렇다면 현재 나의 여가생활은 어떠한지 객관적으로 살펴볼 필요가 있다. 구체적인 여가시간표를 작성하여 현재 나의 여가시간은 어떻게 흘러가고 있는지 알아보자. 단, 우리가 평소에 즐겨하는 모든 활동들에 제한을 두지 말고 작성하도록 한다.

□일주일동안 한 번이라고 즐기고 있는 여가활동들을 적는다. 그 중 자기계발에 도움이 되는 여가활동이 있는지 살펴보자.

□각각의 여가활동을 즐기는 데 일주일 동안 몇 시간 정도 사용하는지 적는다.

□각각의 여가활동의 여가유형(혼자 즐기는지, 함께 즐기는지 등)을 적는다.

□각각의 여가활동을 즐길 때 누구와 함께 즐기는지 적는다.

□자신이 적은 여가활동들을 일주일 동안 총 몇 시간을 즐기는지 합산한다.

□ 자신이 적은 여가활동들 중에서 사람들과 교제하면서 즐기는 시간은 총 몇 시간인지 적는다.

□모든 여가활동 중에서 운동으로 즐기는 여가시간은 몇 시간인지 적는다.

| 표 3-12 | 여가시간표(WIDS분석)

구분	주 1회 이상 즐기는 여가활동	일주일 소요 시간	S (혼자형)	G (함께형)	M (정신형)	P (신체형)	여가파트너 (사물포함)
1							
2							
3							
4							
5							
6							
7							
여가요소별 소계							
여가꼴			SM형 □/	SP형 □/	GM형 □/	GP형 □	

일주일 여가활동 참여시간 사용실태	총시간	______________________ 시간
		• 신체활동(운동) 참여시간: ______________________ 시간
		• 사람과 교류하는 시간: ______________________ 시간

자신의 여가꼴에 대해 객관적으로 살펴보았다. 자신의 생활 패턴 속에 유지해온 여가꼴이 보일 것이다. 현재 유지해온 여가활동을 발전적인 방향으로 유지해 가는 것도 중요하지만 자신의 여가꼴에 맞는 또 다른 활동을 시도해 보는 것도 또 다른 즐거움이 될 것이다. 이제 자신의 여가꼴에 맞는 다양한 종류의 여가활동을 살펴보도록 하자.

TIP | 노후생활설계 교육 프로그램 '아름다운 노래(老來)'

화성시남부노인복지관은 '2010년 화성시 평생학습활성화지원사업'으로 노후생활설계교육 프로그램인 아름다운 노래(老來)가 선정되었다. 아름다운 노래는 노년기의 희망찬 미래를 위해 필수적으로 요청되는 건강, 여가, 대인관계, 종교 등을 주제로 25주간에 걸쳐 진행되는 노후생활설계 교육 프로그램이다.

| 표 3-13 | 여가활동 유형

활동영역	정신형 여가활동	신체형 여가활동
신체활동	• 국선도, 단전호흡, 마사지, 명상, 반신욕, 발마사지, 볼링, 산책, 사우나, 삼림욕, 요가, 찜질방 가기, 필라테스	• 국선도, 건강 체조, 걷기, 검도, 게이트볼, 골프, 기공체조, 달리기, 등산, 마라톤, 배구, 배드민턴, 수영, 스트레칭, 사이클, 산책, 사우나, 삼림욕, 찜질방 가기, 아쿠아로빅, 우드볼, 인라인, 조깅, 줄넘기, 체조, 축구, 탁구, 태극권, 테니스, 헬스, 댄스 스포츠, 라인댄스, 레크댄스, 무용체조, 차밍디스코, 포크댄스, 한국무용
사회활동	• 가족모임, 각종 행사 참여하기, 동호회 활동, 보드게임, 블로그 만들기, 수다, 아르바이트, 야유회 가기(소풍 가기), 이성교제(데이트), 자원봉사, 종교활동, 채팅, 친구 만나기, 편지쓰기	• 신체활동 관련 동호회 활동, 야유회 가기, 자원봉사, 친척집 방문하기
문화활동	• 그림 그리기, 글쓰기, 관람(영화, 콘서트, 연극, 뮤지컬, 미술관, 박물관 등), 경기 응원하기, 도예, 독서, 동영상 보기, 메모, 비디오촬영, 사진촬영, 서예, 수공예, 악기연주, 연극, 인형극, 일기쓰기 잡지보기, 합주, 합창, 문학관련 동호회 활동(시낭독 등)	• 비디오촬영, 사진촬영, 악기연주, 지역축제 다니기, 문화활동 관련 동호회 활동(사진촬영, 비디오촬영), 풍물시장 구경하기
취미활동	• 경품 응모하기, 꽃꽂이, 낙서하기, 낚시, 네일아트, 다도, 당구, 드라이브, 라디오 청취, 마술, 마작, 바둑, 박람회장 가기, 별자리 구경, 비디오 감상, 쇼핑, 수집, 스크랩, 애완동물 기르기, 앨범 꾸미기, 옷 만들기, 외국어 배우기, 요리, 여행, 음주, 인터넷 검색, 장기, 정원 손질, 주말농장, 차 마시기, 청소하기, 체스, 컴퓨터 게임, 쿠폰 모으기, 트럼프, TV시청, 탐조, 토론 모임 참여, 퍼즐(낱말, 그림) 맞추기, 포켓볼, 프라모델 조립, 피부관리, 핸드폰 조작하기, 향수 모으기, 화장하기, 화초재배, 화투, 홈페이지(블로그 등) 꾸미기, 흡연, 헤어스타일 바꾸기	• 고궁 놀러가기, 낚시, 단풍놀이, 당구, 동굴 탐험하기, 맛집 찾아다니기, 별자리 구경, 여행, 인테리어, 외식하기, 정원손질, 주말농장, 추억의 공간 다니기, 탐조, 퀴즈대회 나가기, 포켓볼

쉬어가기

화성시 어르신들의 강력한 여가자원, 화성시남부노인복지관

노인을 대상으로 한 다양한 여가 프로그램들은 지역사회 내에서 운영되고 있으며, 특히 노인복지관은 그 중심에서 주요한 역할을 담당하고 있다. 화성시남부노인복지관 역시 화성시에 거주하는 노인들이 여가를 통해 노후생활을 즐겁고 행복하게 유지하는 주체가 되도록 다양한 프로그램을 개발 및 실행하고 있다. 화성시남부노인복지관의 여가문화교육사업을 이해하기 위해서는 우선 여가를 단순히 노는 것으로만 생각하는 패러다임을 바꾸어야 한다. 앞서 소개한 바와 같이 여가란 스스로 선택하여 즐거움을 느낄 수 있는 모든 활동이다. 따라서 그 활동은 단순히 노는 활동이 될 수도 있지만, 배우거나 사회생활 등을 통해 이루어지기도 한다. 각자 다른 동기에서 시작하는 여가는 지속성이 수반될 때 더 발전적인 방향으로 나아가고, 뚜렷한 목표가 있을 때 그 즐거움은 배가 된다.

우선, 평생교육지원은 배움과 성취에 대한 동기에서 비롯된 여가 프로그램으로서 영어, 일어, 한글, 자서전반 등이 운영되고 있다. 프로그램에 지속적으로 참여하여 본인의 실력이 어느 수준(본인이 원하는 목표는 각자 다름)에 이르는 단계 속에서 행복감을 느낀다.

예술적인 활동을 통해 즐거움을 느끼고자 하는 동기는 취미여가지원사업을 통해 충족된다. 댄스스포츠, 수지침, 노래교실, 창장무용, 난타 등이 세부적인 여가 프로그램으로서 운영되고 있다. 특히 사회성 동기가 함께 결합되어 동아리 활동까지 이어지는 경우가 점차 증가하고 있다. 이처럼 동아리 활동으로 여가를 즐길 때는 더 다양한 사회적 경험까지 수행할 수 있다는 장점이 있어 여가활동을 지속하게 되는 또 다른 동기를 부여한다.

| 표 3-14 | 화성시남부노인복지관 여가관련 프로그램

분류	사업명	사업내용
언어교실	• 초급 · 중급한글, 초급 · 중급영어, 초급 · 중급일어	• 한글, 외국어 등 다양한 영역의 프로그램 학습
건강증진 교실	• 댄스스포츠 1반 · 2반 · 3반 · 중급, 생활요가 1반 · 2반, 생활사교댄스 1반 · 2반, 사교리듬댄스 1반 · 2반 · 중급	• 어르신들이 쉽게 따라할 수 있는 다양한 동작과 유산소 운동의 체조 및 댄스분야, 서예, 난타, 경기민요 등의 취미여가 활동
취미여가 교실	• 우리춤체조, 웃음기체조, 노래교실, 한글서예 초급 · 중급, 한문서예 1반 · 2반, 한문성중급 1반 · 2반, 종이접기, 경기민요, 하모니카, 난타, 수지침	• 취미와 교육이 함께 이루어져 성취감과 즐거움을 동시에 경험하는 취미여가 활동
정보화교실	• 컴퓨터 초급 1~5반, 컴퓨터중급 1~2반, 인터넷활용, 핸드폰활용 1~3반	• 컴퓨터 프로그램으로 단계별로 반을 편성하여 컴퓨터 기초, 인터넷활용, 핸드폰활용을 학습
동아리활동 지원	• 속성한자, 콜라텍, 하모니카, 난타, 경기민요, 우리춤체조, 댄스, 일본어	• 문화적 · 사회적 욕구를 충족시킬 목적으로 자발적으로 만들어진 소집단의 활동
특별행사	• 우리의 멋 예술제, 야외나들이, '엄지족' 폰맹탈출	• 문화교실의 결과물 발표회 및 전시회, 핸드폰 대회
자율이용	• 게이트볼, 배드민턴, 장기 · 바둑, 콜라텍	• 시설의 활성화 도모

화성시남부노인복지관에서는 서비스이용자들이 가장 선호하는 여가 프로그램을 조사하기 위해 지난 3년이라는 운영기간 동안 가장 수강신청 경쟁률이 높았던 프로그램을 살펴본 결과 댄스스포츠와 서예가 인기 있는 프로그램으로 나타났다. 두 가지의 프로그램은 성격이 매우 상반된다. 댄스스포츠의 경우 신체를 이용하여 타인과 함께 즐기는 사회적이면서도 신체적인 여가활동이라면, 서예는 정적이면서도 본인 혼자 정신적인 안정과 즐거움을 추구하는 여가이다. 이는 단순히 노인에 대한 선입견에서 비롯된 여가 프로그램을 벗어나야 함을 시사하고 있다. 즉, '노인이라면 이런 것을 좋아할 것이다', 혹은 '이런 게 어울린다' 라는 막연한 생각은 서비스이용자의 욕구를 무시한 과거 공급자 중심의 서비스를 만들어낼 뿐이다. 따라서 노인의 여가선용 욕구에 대한 시각을 확대하고, 노인을 노인이기 전에 다양한 즐거움을 추구하고 실천할 수 있는 권리를 가진 인간으로서 바라보고, 다양한 여가 프로그램을 개발하고 실천하도록 해야 한다.

5) 안전한 노후생활: 생활법률

노년층의 인구가 증가함에 따라 법적 개입이 요구되는 다양한 상황들이 발생하고 있다. 우선, 노인들의 재산을 상대로 한 범죄(예 보이스 피싱)가 빈번하게 발생하고 있다. 보이스 피싱을 모르는 사람은 없을 정도로 잘 알려진 범죄임에도 불구하고, 적절히 대응하지 못해 피해를 입은 사례를 주위에서 자주 접하곤 한다. 또한 노인을 상대로 한 다양한 상품들이 쏟아져 나오면서 상대적으로 정보력이 약한 집단을 공략하여 품질에 비해 많은 비용을 지불하도록 유도하는 상습적인 사례도 나타나고 있다. 뿐만 아니라 황혼이혼이 빠르게 증가함에 따라 가정 내에서 자체적으로 해결되던 문제들이 이제 법적 기준에 의존하는 경우도 빈번해지고 있다. 이처럼 여러 방면에서 혼란을 야기하는 다양한 상황들을 접하게 될 때 그 상황에 맞는 적절한 정보와 대응책을 알려주는 기관들을 알아두면 유용하다.

(1) 알면 쉬운 법률상식![6]

Q 재산상속에 대해 궁금해요.

A 부모님이 돌아가시거나 본인이 사망한 경우를 대비해서 상속에 대한 이해는 필수적으로 중요하다. 기본적인 상속에 대한 세법과 민법지식을 알아두면 많은 유익이 있고, 타인에게 도움을 줄 수도 있을 것이다.

6) 알기쉬운 법률상식은 대한법률구조공단 법률정보를 참고하였다.

1 ··· 재산상속인은 누구인가요?

사망한 사람의 아들 · 딸과 배우자, 부모 · 조부모, 형제 · 자매, 4촌 이내의 방계혈족 순으로 상속을 받는다. 위와 같은 상속인이 없을 때에는 사망자와 최후까지 생계를 같이하고 있던 사람(예 사실혼의 배우자)이나, 요양 · 간호한 사람, 그밖에 특별한 연고가 있던 사람도 재산을 상속할 수 있다.

2 ··· 재산상속의 비율은 어떻게 되죠?

호주승계를 하는 맏아들이나 결혼한 딸이나 차별 없이 아들 · 딸은 모두 동일한 상속분을 받는다. 즉 아들이건 딸이건, 장남이건 차남이건, 기혼이건 미혼이건, 혼인 중의 출생자이건 혼인 외의 출생자이건 상속분에 있어 차별이 없다. 다만, 사망자의 배우자인 남편이나 아내는 자녀 각자의 상속분보다 50%를 더 받는다.

3 ··· 자녀 없이 사망한 자의 재산은 어떻게 되죠?

부모와 배우자가 공동으로 상속받는다. 배우자는 부모보다 50% 더 받을 수 있다.

4 ··· 재산축적에 기여하거나 특별히 부양을 한 사람이 있는 경우는 어떻게 되나요?

공동상속인 중에 사망자의 재산을 유지하거나 증가시키는 데 특별히 기여를 하였거나, 사망자를 특별히 부양한 사람은 자기 고유의 상속분에 기여분을 가산한 액수를 상속분으로 받게 된다. 기여자의 기여분에 관해 상속인 간에 협의가 되지 않는다면 기여의 시기와 방법, 기여의 정도, 그밖에 여러가지 사정을 고려하여 법원에서 기여분을 정해준다.

5 ··· 상속권을 침해당했을 경우는?

법원에 상속회복청구를 할 수 있는데 이러한 상속회복청구권은 그 침해를 안 날로부터 3년, 상속권의 침해 행위가 있은 날로부터 10년을 경과하면 소멸한다.

Q 재산상속시 필수적으로 알아야 할 세법상식

1 ··· 상속세와 상속세 납세의무자

상속세는 사망한 사람의 재산을 상속받은 자에게 부과하는 세금이다. 재산을 상속받은 상속인이 납세의무자이며 상속인은 각자 상속받은 재산의 범위 내에서 상호 연대하여 상속세를 납부할 의무가 있다.

2 ··· 신고와 납부

상속세는 상속개시 시 즉 사망자의 사망당시의 주소를 관할하는 세무서에 납부한다. 상속세는 사망일로부터 6개월 이내에 신고하면 10%의 세액공제 혜택을 받으며 신고하지 않으면 20%의 가산세와 무납부세액에 대하여 무납무기간 동안 1일당 1만분의 3을 곱하여 산출한 금액을 가산세로 부담하게 된다.

3 ··· 상속을 포기하려면?

자기 몫의 상속지분을 포기할 때에는 3개월 이내에 법원에 신고하면 된다.

TIP | 상속

1. 상속세를 정확하게 이해하기 위해서는 민법의 이해가 필수!

- 피상속인: 사망한 사람 또는 실종 선고받은 사람
- 상속인: 재산을 상속받을 사람
- 상속개시일: 사망일 또는 실종선고일

2. 유언으로 상속인을 지정한 경우에는 유언상속이 우선이며, 유언이 없는 경우에는 민법에서 정한 순위에 따른다. 민법상 상속의 순위는 다음과 같다.

- 1순위: 직계비속과 배우자(항상 상속인이 된다.)
- 2순위: 직계존속과 배우자 직계비속이 없는 경우에 상속인이 된다.
- 3순위: 형제자매, 1, 2순위가 없는 경우 상속인이 된다.
- 4순위: 4촌 이내 방계혈족, 1, 2, 3순위가 없는 경우 상속인이 된다.

3. 유류분제도란: 유언에 의하여 재산을 상속하는 경우 피상속인의 의사가 지나치게 감정에 치우치게 되면 여러 사람의 상속인 중 한 사람에게만 재산을 상속하거나 타인에게 전 재산을 유증(유언에 의한 재산증여)함으로써 사회적으로 바람직하지 못한 상황이 발생할 수 있다. 그래서 민법에서는 각 상속인이 최소한도로 받을 수 있는 상속분을 법으로 정하고 있는데 이를 유류분이라고 한다, 상속권이 있는 상속인의 유류분은 다음과 같다.

- 피상속인의 배우자 및 직계비속: 법정상속인의 1/2
- 피상속인의 직계존속 및 형제자매: 법정상속인의 1/3

출처: 네이버 블로그(http://blog.naver.com/123kmss).

Q 부동산 거래시 계약 전 유의사항

A 우리는 일상생활에서 토지나 집 등을 사고파는 부동산 거래를 많이 하고 있다. 그러나 무주택자가 알뜰히 모은 돈으로 집을 장만하려다가 사기를 당하는 등 피해를 입는 경우도 적지 않다. 그래서 부동산 거래를 함에 있어서 피해를 예방하기 위하여 최소한 다음과 같은 사항에 유의할 필요가 있다.

1 ••• 부동산을 사고자 하는 자는 먼저 해당지번을 확인하고, 임야대장, 토지대장, 등기부등본, 건축물관리대장, 토지이용계획확인원[7] 등을 떼어보고 현장을 반드시 확인하여야 한다.

2 ••• 현장과 등기부, 토지대장, 건축물관리대장 등의 일치 여부를 사전에 알아보아야 하고 매도하려는 자가 실제 소유자인지 여부도 신중히 알아보아야 한다. 부동산 중개업소에서 소개하는 경우에도 본인이 직접 알아보는 것이 좋다.

3 ••• 상대방이 보여주는 등기부등본만을 믿어서는 안 된다. 최근에는 복사기술이 발달되어 정당한 등본이라도 이를 고쳐서 다시 복사하는 사례도 있기 때문에 반드시 등본에 관계공무원의 인증(원본과 같다는 확인)이 있는지를 확인하여야 하고, 본인이 직접 등기부를 떼어 확인하거나 열람해 보는 것이 좋다. 상대방이 보여주는 등기권리증도 자세히 살펴보고 원본인가를 확인하여야 한다.

4 ••• 넷째, 단시일에 권리자가 여러 번 바뀌는 등 권리변동 관계가 빈번하고 복잡한 것은 일단 의심을 하고 사지 말아야 한다. 여러 가지 담보물권이나 예고등기, 가등기가 설정되어 있는 것은 사지 않는 것이 현명하다. 또 매수직전에 비로소 보존등기가 되거나 기타 상속등기나 회복등기가 된 것은 일단 의심을 해야 한다.

---

7) 토지이용계획확인원은 일반인들이 도시관리계획으로 결정 고시된 내용이나 다른 법률에 의해 결정 고시된 지역, 지구, 구역 등의 지정 또는 해당 토지의 용도 및 도시계획시설의 결정여부 등에 대한 계획을 확인하고자 할 때, 해당 지자체에서 발급해 주는 서류다.

5 ··· 다섯째, 소송으로 확정판결 받은 물건을 매수할 때에는 패소판결 받은 자를 찾아가 사실여부를 확인하는 것이 좋다. 재산세 납세자가 소유자와 다른 경우에는 그 이유를 알아보아야 하며, 또 건축과 관련하여 도시계획 여부, 개발제한구역 여부 등도 반드시 확인하여야 한다. 해당지역이 토지거래 허가구역으로 지정 고시된 지역인지 여부를 사전에 확인할 필요가 있다.

Q 부동산 등기에 대해 궁금해요.

1 ··· 부동산 등기란 무엇인가요?

부동산의 권리관계를 모든 사람에게 알려주기 위한 방법으로 국가에서 등기부라고 하는 공적 장부를 만들어 놓고 등기공무원으로 하여금 부동산의 표시와 권리관계를 기재하도록 하는 것이 부동산 등기제도이다. 등기부는 누구나 수수료를 납부하고 그 등본을 교부받거나 열람을 할 수 있고, 또한 이해관계 있는 부분에 한하여 등기신청서류를 열람할 수 있다.

2 ··· 부동산 등기절차는?

등기는 원칙적으로 신청 → 접수 → 심사 → 수리 → 등기의 실행 → 등기필증의 교부의 순서대로 진행된다. 등기는 당사자의 신청 또는 관공서의 촉탁에 의하여 개시되는 것을 원칙으로 하고, 이러한 신청 또는 관공서의 촉탁에 의하지 않는 경우는 원칙적으로 법률에 특별한 규정이 있는 경우에 한한다. 이에는 등기관의 직권에 의한 경우와 법원의 명령에 의한 경우가 있다.

3 ... 등기신청에 필요한 서면

등기신청에 필요한 서면은 다음과 같다.

- 신청서
- 등기원인을 증명하는 서면
- 등기의무자의 권리에 관한 등기필증
- 등기원인에 대하여 제3자의 허가, 동의 또는 승낙을 필요로 할 때는 이를 증명하는 서면
- 대리인에 의하여 등기를 신청할 때에는 그 권한을 증명하는 서면(위임장 내지 호적등본)
- 소유권의 보존 또는 이전의 등기를 신청하는 경우에는 신청인의 주소를 증명하는 서면
- 법인이 등기권리자인 경우에는 법인등기부등본 또는 초본, 법인 아닌 사단이나 재단(외국법인으로서 국내에서 법인등기를 필하지 아니한 사단이나 재단을 포함) 또는 외국인이 등기권리자인 경우에는 부동산등기용등록번호를 증명하는 서면
- 소유권의 이전 등기를 신청하는 경우에는 토지대장 · 임야대장 · 건축물대장 등의 등본 기타 부동산의 표시를 증명하는 서면

4 ... 대법원인터넷등기소를 이용하세요!

등기소를 방문하지 않고도 등기부를 보는 방법, 등기신청서양식, 신청서의 작성 및 출력, 등기부 열람, 등기부 등 · 초본 발급 등의 서비스를 제공받을 수 있도록 등기포탈사이트인 대법원인터넷등기소(http://www.iros.go.kr, 한글인터넷주소: 인터넷등기소)를 운영하고 있다.

출처: 대법원인터넷등기소(http://www.iros.go.kr).

TIP 부동산 등기-인터넷 등기, 셀프 등기, 법무사를 통한 등기

1. 인터넷 등기

➔ 인터넷 등기란 등기신청인이 전자적으로 등기신청정보를 입력하여 작성한 전자신청서에 제출자의 인증서로 전자서명을 하며 등기소에 방문하지 않고 전자적으로 등기를 신청하는 방법이다. 인터넷 등기를 이용하면 정부 인지세 및 등기부등본 열람수수료가 면제되어 등기비용을 절약할 수 있는 장점이 있다.

인터넷 등기를 하기 위해서는 등기소 및 인터넷 등기소에서 사용자 등록을 하고 등록세를 구청에 납입한 후 대법원인터넷등기소에서 공인인증과 사용자등록번호로 접속해 양식 작성, 마지막으로 공인인증서로 매수인과 매도인이 승인을 하면 등기절차가 끝나게 된다.

하지만 인터넷 등기를 위한 사용자등록 및 공인인증서 제공 등 매도자의 협조가 필요하다는 단점이 있다. 일반적으로 법무사를 통해 등기를 할 경우 매수자가 비용을 부담하는 관례상 매도인의 입장에서는 비용도 들지 않고 편하게 등기를 할 수 있기 때문이다.

2. 셀프 등기

➔ 법무사를 통하지 않고 관공서를 직접 찾아다니면서 매수자 스스로 등기를 하는 것을 말한다. 매수자가 등기를 직접 하기 때문에 비용을 절약할 수 있다는 점에서 인터넷 등기와 비교되지만 인터넷 등기에 비해 비교적 시간이 많이 소요되고 발품을 팔아야 한다는 점에서 차이가 있다. 하지만 등기소에서 사용자등록을 하거나 공인인증서 제공 등 매도자의 협조를 구해야 하는 번거로움은 피할 수 있다.

3. 법무사를 통한 등기

➔ 부동산 등기가 일반인들이 접근하기 어려워 폐쇄적인 법적행위로 여겨졌을 때부터 가장 일반적으로 행해진 등기 방법이다. 우선 등기에 숙련된 사람이 등기를 대행해주기 때문에 편리하다는 장점이 있다. 하지만 인터넷 등기나 셀프 등기에 비해 비용이 가장 많이 든다는 단점이 있다.

Q 신용카드를 도난 분실 당했어요! 어떻게 해야 하죠?

A 신용카드를 도난 · 분실한 경우에는 서둘러 도난 · 분실신고를 함으로써 신용카드가 타인에 의해 부정사용되는 것을 방지하여야 한다.

여신전문금융업법 제16조(신용카드회원 등에 대한 책임), 동법 시행령 제6조의 9(신용카드회원에 대한 책임) 및 개인회원약관에서 신용카드의 도난 · 분실신고 접수일로부터 60일 전 이후에 발생한 제3자의 카드부정사용금액에 대해 카드사가 보상하도록 하고 있어 도난 · 분실신고를 빨리하면 할수록 회원에게 유리하다고 할 수 있으며, 신고방법은 전화나 서면 등의 방법으로 하면 된다. 다만, 사고조사를 위한 수수료는 카드 1매당 2만 원으로 회원이 부담해야 한다. 조사 결과 신용카드 서명란의 미서명, 관리소홀, 대여 · 양도, 보관, 이용위임, 담보제공, 불법대출 등 회원의 과실로 인한 부정사용의 경우 회원이 책임을 져야 한다.

한편, 대부분의 신용카드 회원약관은 도난 · 분실 신고접수일 60일 전 이전의 부정사용분에 대해 개인회원약관에서 정한 회원의 과실 사유가 없었음을 입증할 경우, 회원은 카드사로부터 보상을 받을 수 있다.

Q 보이스 피싱 사기! 대처법은 뭐가 있나요?

1 ••• 보이스 피싱(Voice Phishing)이란?

'개인정보(private data)' 와 '낚시(fishing)' 를 합성한 신조어로, 카드번호 등의 개인정보를 불법적으로 알아낸 후 이를 범죄에 이용하는 사기수법이다. 피싱에 전화 등의 음성(voice)을 더하여 전화를 통해 개인정보를 탈취하는 수법을 말한다. 다음과 같은 사례를 통해 나타난다.

| 표 3-15 | 보이스 피싱의 유형과 수법

유형	수법
환급	• 국세청 · 국민연금관리공단 등을 사칭해 현금지급기로 세금 환급 유혹
카드연체 · 도용	• 카드사 · 은행 · 채권추심단을 사칭해 카드요금이 연체됐거나 도용당했다며 계좌번호나 카드번호 입력을 요구
거짓납치 · 사고	• 자녀의 전화를 미리 꺼놓게 하거나 '납치를 했다'거나 '사고를 당했다'고 속여 부모에게 돈을 요구
범죄 연루	• 검찰 · 경찰 · 금감원 직원을 사칭하여 범죄에 연루됐다며 개인정보 요구
기타	• 동창회 · 종친회 명부를 입수한 후 회비 송금 요구 • 택배회사 · 우체국이라고 한 후 우편물이 계속 반송된다며 개인정보 요구 • 대학에 추가합격했다며 등록금 입금 요구 • 가전회사 · 백화점 사칭해 경품행사에 당첨됐다며 계좌번호 요구

2 ••• 보이스 피싱 예방 10계명

❶ 전화를 이용하여 계좌번호, 카드번호, 주민번호 등을 요구하는 경우 대응하지 않기

❷ 현금지급기를 이용하여 세금, 보험료 환급, 등록금 납부 등을 해준다는 안내에 대응하지 않기

❸ 동창생 또는 종친회원이라고 입금을 요구하는 경우 사실관계를 확인하기

❹ 자녀 등 가족에 대한 비상시 연락을 위해 친구나 교사 등의 연락처를 확보하기

- 전화 사기범은 상대방의 전화로 욕설 전화 등을 계속 걸어 전화기 전원을 끄도록 유도한 후 연락이 되지 않은 틈을 타서 가족에게 전화를 걸어 납치한 것처럼 위장하여 송금을 요구한다. 따라서 자녀의 친구나, 교사 등 가족의 휴대폰 전원이 꺼져 있는 경우에 연락 가능한 추가적인 연락처를 확보하여 두어야 한다.

❺ 발신자 전화번호 확인하기

- 발신자표시가 없거나 001, 008, 030, 086 등 처음 보는 국제전화번호를 사용하므로

반드시 발신자 전화번호를 확인하시기 바람

❻ 자동응답시스템(ARS)을 이용한 사기 전화를 주의하기

3 ••• 대처방법

❶ 거래은행에 지급 정지 신청

전화사기범들은 즉시 이체된 자금을 인출해 가므로 거래은행 직원 또는 거래은행 콜센터에 신속히 지급정지를 요청하여 사기범들이 자금을 인출해가지 못하도록 해야 한다. 자금을 송금한 전화사기범 계좌 은행 콜센터 및 창구를 통해 할 수 있다.

❷ 개인정보 노출자 사고예방 시스템 등록

무심코 전화사기범들에게 주민번호 등 개인정보를 알려준 경우에는 즉시 금융감독원 또는 은행을 통하여 개인정보노출자 사고예방시스템에 등록하여 추가적인 피해를 최소화해야 한다.

- 카드번호와 유효기간을 알려준 경우 카드사에도 신고해야 한다.
- 금융감독원(02-3786-8576, http://minwon.fss.or.kr)
- 각 은행 및 카드회사 상담 전화, 창구

❸ 수사기관에 신고하자!

신고접수는 수사기관에서 담당하고 있으며 경찰서와 검찰청을 통해 가능하다.

- 경찰청: (국번 없이) 1379, http://www.police.go.kr
- 검찰청: (국번 없이) 1301, http://www.spo.go.kr

❹ 한국정보보호진흥원 개인정보침해신고센터를 이용하자!

개인정보침해신고센터는 신속한 신고 접수 및 대처 요령에 대해 상담을 하고 있다.

- (02) 1336, http://www.1336.or.kr

❺ 상담전화를 이용하자!

- 한국인터넷진흥원 118 상담서비스
- 정부민원 안내콜 센터 110 콜센터

Q 민원 가능한 기관안내

1 ••• 대한법률구조공단(http://www.klac.or.kr)

1987년에 설립되어 경제적으로 어렵거나 법을 모르기 때문에 법의 보호를 제대로 받지 못하는 사람들이 적법한 절차에 의하여 정당한 권리를 보호받을 수 있도록 법률구조사업을 효율적으로 수행하도록 하기 위한 기관이다. 주요 업무로는 무료법률상담(국번 없이 132, 사이버 법률상담 운영), 합의중재, 소송서류의 무료작성, 저소득층을 위한 소송대리, 형사사건의 무료변호, 법률 강연, 출장상담 등이 있다.

출처: 대한법률구조공단(http://www.klac.or.kr).

2 ••• 1372 소비자 상담센터(http://www.ccn.go.kr)

정부와 소비자단체가 함께하는 소비자상담센터는 전국 어디서나 단일 대표전화 1372로 소비자가 전화를 걸면 신속한 전화연결로 상담 편의성을 높이고 모범 상담답변과 상담정보관리를 통해 질 높은 상담서비스와 정보를 제공한다. 주요 업무로는 소비자 상담(전화, 사이버 상담 등) 및 피해처리 · 구제 신청 등이 있다.

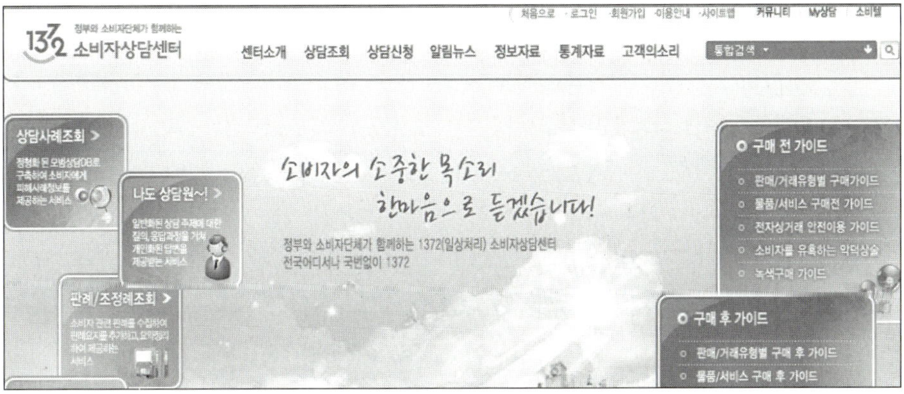

출처: 소비자상담센터(http://www.ccn.go.kr).

3 ··· 경기도 소비자정보센터(www.goodconsumer.net)

소비자의 권익 보호를 위하여 2003년 1월에 전국 최초로 무료상담전화(080-215-9898)를 개통하였으며 홈페이지를 이용하면 상담을 신청할 수 있다.

- 상담분야: 가전/가구, 자동차 관련, 교육서비스, 공공서비스, 주택관련, 식품관련, 의료/세탁, 정보통신, 금융 · 보험, 피부/미용, 상조서비스, 회원증/공연, 이사/택배, 레저/스포츠, 신용카드/상품권, 여행/결혼, 애완동물, 법률 등이 있다.

출처: 경기도소비자정보센터(http://www.goodconsumer.net).

4 ••• 한국가정법률상담소(http://lawhome.or.kr)

법률서비스를 무료로 제공해 주는 법률구조기관이며, 가정폭력 행위자의 폭력행동을 교정하기 위한 다양한 상담 프로그램을 운영하고 있다. 대표상담전화는 '1644-7077' 이며 전국적으로 지부를 운영하고 있다.

쉬어가기

경기도 소비자정보센터, 악덕상술 주의보 발령

-무료사은품 · 스폰서관광 등 소비자 피해-

최근 노인층 또는 중년여성층을 대상으로 '무료사은품'이나 '스폰서관광' 등을 빙자해 건강식품을 판매하는 상술이 다시 등장해 소비자들이 피해를 입고 있어 주의가 요구되고 있다.

A모 씨(40, 여)는 '홍보용 잡곡을 나눠준다'는 방송을 듣고 나갔다가 27만 원짜리 홍삼을 1+1으로 구입한 후 후회가 되어 반품하려 했지만 판매처와 연락이 되지 않고 있어 속을 끓이고 있는 실정이다.

또 B모 씨(50, 여)는 지난 3월 '15,000원에 거가대교를 관광시켜준다'는 전단지를 보고 따라 갔다가 녹용과 흑삼제품을 100만 원이 넘게 구입해 복용중이지만 성분을 믿을 수가 없어 불안해하고 있다.

이에 따라 경기도 소비자정보센터는 최근 일부 판매업자들이 다양한 수법으로 소비자를 유인해 건강식품을 판매하고 있다며 각별한 주의를 당부했다.

이런 판매를 통해 구입한 소비자는 믿을 수 없는 가격과 품질 때문에 불안해하며, 판매업체에서 방문판매법에 따른 청약철회를 해주지 않아 피해를 입는 경우도 다반사다.

또 소비자정보센터 관계자는 "무료사은품이나 스폰서관광 등 기만상술에 속지 않는 것이 가장 중요하다"며 "만일 피해를 입은 경우에는 경기도 소비자정보센터(031-251-9898)나 전국 소비자상담센터(국번 없이 1372번)로 전화하면 도움을 받을 수 있다"고 설명했다.

출처: 폴리뉴스(2011. 5. 25.). 경기도 소비자정보센터, 악덕상술 주의보 발령.

6) 안정된 노후생활: 자산관리

과거에는 자식, 소, 저축이 노후를 위한 준비였다. 그러나 좀 더 안정적이고, 체계적인 자산관리에 대한 욕구가 다양해지고, 저축에도 다양한 상품이 개발되었으며, 그밖에 증권이나 보험과 같은 또 다른 차원의 금융상품들이 쏟아져 나오고 있다. 따라서 개인이 얼마만큼 알고 실천하느냐에 따라 결과는 상이하다. 자신에게 필요한 자산관리방법, 투자 방법, 보험 상품 등에 대해 정확히 알고 장기적인 안정 수익이 가능한 방안들을 고민해야 한다.

이 때 적극적인 정보수집의 자세가 요구되며, 관련 기초 지식에 대해 미리 숙지하는 것은 향후 보다 나은 노후생활에 도움이 될 것이다.

(1) 재무 측면에서 본 노령층의 이해

'재무' 라는 측면에서 노령층을 바라보면 가장 먼저 떠오르는 일은 역시 '은퇴' 일 것이다. 소득이 줄거나 상실되는 의미를 가장 극명하게 드러내는 현실이 은퇴라 할 수 있다.

① 은퇴의 개념

은퇴가 무엇인가를 알기 위해서는 먼저 은퇴의 사전적 의미를 살펴보면 된다. 즉, 은퇴란 '隱(숨을 은)' 과 '退(물러날 퇴)' 이다. 좀 더 구체적으로 말하면, '직임' , 다시 말해 '사회활동에서 손을 떼다' 라는 의미이다. 이는 결과적으로 상당히 부정적이며 우울한 느낌을 준다. 물론 그동안 쉼 없이 달리던 인생에서 비로소 '쉰다' 는 뉘앙스도 있지만 전반적으로는 무거운 느낌이 든다. 은퇴의 또 다른 의미도 마찬가지로 부정적인 느낌을 풍기는데 그것은 '銀(은 은)' 과 '堆(자리 혹은 곳(장소) 퇴)' 라는 말이다. 즉, '가치 있는 자리' 에서 떠나게 되었다는 것이다.

안타깝지만 실제로 은퇴로 인한 현실은 그동안 노력하고 고생했던 값진 결과로 얻어진 소득인 돈을 더 이상 많이 벌 수 없게 되며, 점차 사랑하는 평생의 동반자들이었던 배우자, 자녀, 친구 등과의 헤어짐도 가까워지고 앞으로의 긴 노년을 버텨줄 건강 등이 충분하게 준비되어 있는지를 점검할 것을 요구한다.

반면 은퇴를 영어로 하면 'Retire'가 된다. 타이어를 '새로 갈아 낀다'는 의미로 새 출발을 의미하는 것이다. 이제 무엇인가 새로운 계획을 준비하여야 할 때인 것이다. 이러한 영어의 개념을 적극 활용하면, 은퇴나 퇴직 개념을 더 이상 '생이 끝났다'라는 의미보다는 제2, 제3의 삶으로 변화한다는 개념으로 받아들여야 하는 것이다.

② 노후에 대한 인식

'재무'의 측면에서 노후에 대한 인식을 살펴보고자 최근 기업체 은퇴 예정자를 대상으로 설문조사한 내용을 요약 정리해 보면 다음과 같다(시니어파트너즈, 2008).

과거, '노인'에 대해 외로움, 두려움, 지루함이라는 선입관이 있었다. 오늘날 이러한 인식은 긍정적으로 변화되었으며, 은퇴를 오히려 '휴식이나 여유를 갖는다'는 응답이 높아졌고, '새로운 시작에 대해 기대가 크다'는 답변이 높았다. 은퇴생활을 통해 다시 시작하고자 하는 이런 긍정적 인식들은 사회참여(70.7%)로 나타났다. 은퇴 후 원하는 월 노후생활비(2인 기준) 수준에 대한 인식 정도는 전체의 20%만 300만 원 이하라 답하였고, 대부분의 사람들이(63.4%) 300~500만 원이라 답하였다. 그러나 실제로 일반 사람들은 250~300만 원 정도가 적정하다고 생각하고 있는 것을 볼 때, 이는 노후생활의 정확한 규모를 알지 못함에 기인한 것으로 보인다.

노후자금의 적정한 수준이라 함은 각각의 개인차가 있음을 전제로 하며, 평균 수준의 혹은 은퇴 전의 수준을 영위하고자 하기 위해서라도 우리는 지금껏 사용해왔던 비용보다 결코 적지 않음을 인식해야 한다.

예컨대, 인터넷이나 휴대전화는 20년 전에는 사용하지 않았던 것이지만 지금은 보편화되어 있듯이 앞으로도 IT 기술의 발달로 새로운 장비를 구입하게 될 것이다. 또한 지금은 생각하지 않은 건강문제도 은퇴 후에는 증가하는 의료비를 경험하게 될 것은 자명한 일이므로 수명의 연장과 함께 더욱 더 많은 의료자금의 확보도 필요하기 때문이다. 그런데 노후생활을 대비한 은퇴자금은 고정되어 있다. 물론 공무원연금 등의 공적연금은 물가와 연동되어 수급되겠지만, 막연히 '있는 돈으로 될 것' 이라는 생각은 버려야 한다.

노후생활을 위한 예상 자금을 보면, 10억의 금액은 20년의 노후를 보내기 위해 1년에 5,000만 원을, 월 400만 원이 예상되지만, 인간의 평균연령은 점점 더 높아지고, 물가는 꾸준히 오른다는 점을 간과해서는 안된다.

또한 공적연금은 평생을 수령하지만 물가보다 낮게 오르며, 수급 불균형 등의 사회문제도 간과해서는 안 되며, 평균수명으로 볼 때에 여자가 남자보다 7~8년 정도를 더 오래 살기 때문에 이 부분도 소홀히 생각해서는 안된다.

(2) 은퇴설계의 일반적 특징

'재무' 측면에서 노후생활설계의 핵심은 결국 은퇴설계라 할 수 있다. 이에 은퇴설계의 일반적인 특징을 살펴봄으로써 '재무' 측면에서의 노후생활설계를 효과적이면서도 요약적으로 정리하고자 한다.

① 라이프 이벤트상 맨마지막에 위치하고 있다.
② 당장 은퇴를 앞둔 사람을 제외하면 대부분의 사람들이 시간적 여유가 많이 남아 있다고 생각한다.
③ 단기적인 재무목표보다 우선순위에서 밀린다.
④ 남보다 그냥 성실하게 살면 해결된다고 믿는다.
⑤ 나만 겪을 일이 아니라고 생각한다.

(3) 은퇴생활에 대한 전반적인 점검사항

'재무' 측면에서의 노후생활설계를 효과적으로 수행하기 위해서 요구되는 은퇴생활에 대한 전반적인 점검사항은 다음과 같다.

① 은퇴자산이 충분한지에 대한 점검
② 새로운 지출계획 수립
③ 부동산의 처분, 유지 여부
④ 거주 지역 변경시 점검사항
⑤ 유언장 작성, 점검, 수정
⑥ 상속에 관한 사항
⑦ 의료서비스 확보
⑧ 장례 준비

쉬어가기

사람들이 저지르는 잘못된 노후준비 4가지

노후를 제대로 보내기 위해서는 무엇보다 노후에 받게 되는 연금을 제대로 받을 수 있도록 미리 계획을 세워야 한다. 그래서 지금은 아니더라도 부자로 은퇴할 수 있어야 하는 것이다. 그리고 이를 위해서는 많은 의문을 해결해야 한다.

① 은퇴한 후 행복한 은퇴생활을 할 만한 생활비를 어디서 어떻게 받아야 할까요?

② 거주용 아파트 한 채와 1~2억 원의 노후자금으로 노후생활이 가능할까요?

③ 매달 30만 원의 개인연금을 들고 있는데, 이 자금은 노후생활에 어느 정도의 역할을 할까요?

이 외 수많은 의문사항들을 한꺼번에 해결하기란 불가능하다. 그러므로 실천해야 하는 일들을 장기와 단기로 구분해서 차근차근 해결해 나가야 한다. 본격적으로 올바른 노후대책을 알아보기 전에, 사람들이 흔히 저지르는 잘못된 노후준비는 어떤 것들인지 잠깐 살펴보자.

첫째, 부동산 위주의 노후준비는 위험하다.

우선 제일 큰 잘못은 많은 사람들이 부동산을 통해 노후준비를 하고 있다는 점이다. 부동산은 많은 사람들의 생각과 달리 고령화 사회에서는 상당히 위험한 투자대상이다. 부족한 노후생활비를 충당하기 위해 노인들은 가지고 있는 부동산을 매도하려고 할 것이다. 하지만 저출산으로 줄어든 몇 안 되는 젊은이들이 이를 받아내지 못하게 되어 결국 부동산 가격은 힘을 잃고 침체할 수밖에 없다. 결국 부동산 임대수입이나 매각수입으로 노후생활을 하려던 사람들은 큰 어려움에 빠질 수밖에 없다. 따라서 아무리 부동산이 좋다고 하더라도 기본적인 생활비는 부동산이 아니라 다른 수입원으로 확보해야 한다.

둘째, 수익률 낮은 저축성 상품에 치우친 노후설계

많은 사람들이 저축성 상품만으로 노후생활비를 준비하고 있다. 저축성 상품은 세금을 공제한

후 3~4%에 불과한 수익률을 내고 있다. 이는 물가상승률보다 낮은 수익률이므로 은퇴 이후 생활비를 충당하기가 상당히 어렵다.

게다가 나이가 들어 치매나 뇌졸중 같은 노인성 질환을 앓게 되거나 거동이 불편하게 되면 저축성 상품을 유지관리하기가 어렵다. 따라서 가장 좋은 대안은 금융상품을 통해 최소한의 기본적인 생활비가 매달 연금 형태로 지급되는 것이다.

셋째, 기대수명이 더 긴 여성(부인)에 대한 대비 부족

현재 남성 위주로 노후를 준비하다 보니 남편 사망 후에 홀로 생존해야 하는 부인들에 대한 노후준비가 상당히 미흡한 실정이다. 부인은 남편 사망 후 적어도 10여 년 동안 많은 질병에 시달리면서 외롭게 살아가야 한다. 그런데도 많은 부부들이 남편과 부인이 같이 생존하는 기간만을 대상으로 은퇴준비를 하고 있다. 반드시 남편 사망 후 생활비와 병원비로 사용할 자금을 부인 명의로 별도로 마련해야 한다.

넷째, 매년 상승하는 물가를 고려하지 않는 것

노후를 대비하는 사람들이 이용하는 노후 관련 상품의 상당수가 55세나 60세 이후 노후생활비를 매달 일정한 금액을 지급하도록 하고 있다. 이는 매년 생활비가 물가상승률만큼 증가하리라는 것을 고려하지 않은 결과이다. 은퇴 후 적어도 20년 이상 살아야 하는데, 생활비가 일정한 금액만 지급된다면 물가상승률만큼 물건 가격이 올라가는 것에 대비할 수가 없다. 결국 은퇴 후 세월이 갈수록 생활비가 부족해지는 상황에 처하게 되는 것이다.

그래서 노후생활비는 매년 물가상승률만큼 늘어나도록 설계를 해야 한다. 연금 상품도 '정액식 지급' 이 아니라 물가상승률만큼 증가하는 '체증식 지급' 이 되어야 한다.

출처: 우재룡(2006). 행복한 노후설계 무작정 따라하기. pp. 42-44.

(4) 재무 설계의 실행

'재무' 측면에서의 노후생활설계에서 가장 중요하다고 할 수 있는 재무 설계의 실행 과정은 다음과 같다.

1 재무목표 확인

① 노후계획(기대여명, 노후생활비, 국민연금 등)

② 자녀계획(자녀 교육/결혼자금 지출시기)

③ 사업자금

④ 내집 마련/확장계획

⑤ 돈에 대한 가치관

⑥ 고객의 투자성향

2 재무상태 파악(현실 점검)

① 가족사항(맞벌이 여부, 건강상태)

② 자산현황

- 보유 자산(금융자산, 위험관리자산, 부동산, 기타자산, 상속 · 증여 예상자산)
- 부채: 각종 단 · 장기 부채

③ 현금흐름

- 소득
- 저축/투자 내역
- 대출상환액
- 소비

3 재무상태 분석

① 가정경제의 순환구조

□ 순자산/부채 적정성, 효율적인 자산배분

□ 긴급자금과 위험관리

□ 지출관리, 소비생활 패턴

□ 저축률

□ 목적별, 기간별 투자

□ 안정성 대 수익성, 절세

② 현금흐름 분석

□ 현금의 유입

- 소득의 성격: 본인에 의존(근로, 사업), 재산에 의존(임대, 이자/배당), 공적연금에 의존(공적연금), 사적연금에 의존(사적연금), 타인에 의존(사적이전, 공공부조)
- 소득의 성격에 따른 위험관리수단: 본인의 사망보장 및 의료비 보장, 재산의 유동성, 안정성 강화, 취업 · 창업 준비, 지출관리

□ 현금의 지출

- 지출관리: 수지차
- 저축/투자율
- 저축/투자의 안정성과 수익성, 유동성
- 유동성 위험: 가족 의료비 보장
- 소비생활태도: 소비자부채, 주거관련부채, 변동지출 비중
- 부채상환 적정성: 연간 소득대비 부채 상환율

③ 자산의 구조 분석

□부채적정성: 총자산 대비 부채비율

□자산성격별 안분: 연금자산(은퇴자산), 위험관리자산, 유동자산(긴급자금, 투자대기자금), 투자자산, 사용자산

□투자자산의 안정성과 수익성, 유동성

- 투자자산의 목적성: 목적자금과 맹목적 자금 비중
- 목적자금 달성도: 재무목표별 준비된 자금

④ 보험 분석

□의의: 소득원의 소득대체, 현금흐름의 유동성 관리

□보장기간: 노년의 급증하는 의료비 보장

□보장의 우선순위: 위험의 범위, 빈도, 심각성(예 실손보장, 일반입원, 수술(질병, 재해 동시 보장), 심각한 질병, 재해)

□보장의 크기

□적정보험료

4 노령층 재무 설계의 주안점

재무 설계의 주안점은 다음과 같이 간략하게 정리할 수 있다.

① 늘어나는 노년기: 노후생활비는 평균수명보다는 더 길게 예상한다.

② 소득의 중단 및 감소: 소득의 성격에 따라 현금흐름을 확보한다.

③ 퇴직 시점의 자녀결혼: 은퇴 초기의 자산 배분에 주의한다.

④ 증가하는 의료비: 보장의 중심을 노후 의료비에 둔다.

⑤ 자산관리 능력의 쇠퇴: 전략적 자산배분을 시스템화 한다.

⑥ 자녀로의 자산 이전시 상속증여세 발생: 10년 단위로 계획을 한다.

5 전략적 자산배분

전략적 자산배분을 위한 고려사항은 다음과 같다. 은퇴유형별 자금흐름을 살펴보면 | 그림 3-9 |와 같다.

① 자산의 구조 고려

- 위험관리자산(각종 보험)은 주춧돌이다.
- 유동자산은 마루에 해당된다.
- 투자자산과 사용자산은 기둥과 같다.
- 은퇴자산은 지붕과 같다.
- 위험관리자산과 유동자산은 모든 투자계획의 방파제 역할을 한다.

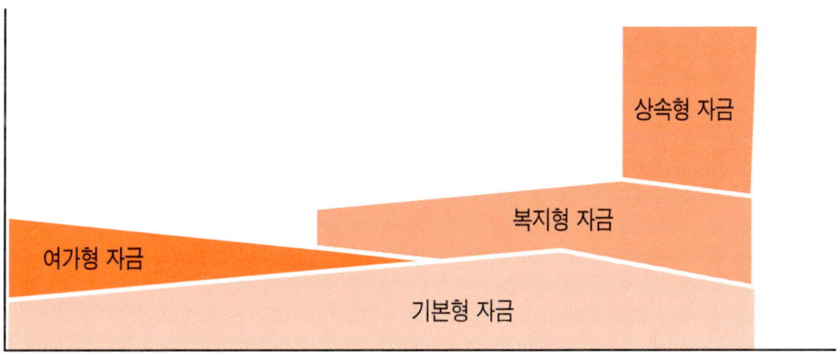

| 그림 3-9 | 은퇴유형별 자금흐름

② 세금 고려

구분	세율	주요상품 및 내용
일반과세	15.4%	• 이자소득세 14%+주민세 1.4%
종합과세	~38.5%	• 개인별 금융소득 4,000만 원 이상 종합과세
세금우대	9.5%	• 성인 1,000만 원 한도, 경로우대자 3,000만 원(60세 이상)
분리과세	33%	• 10년 이상 장기채권
비과세	0%	• 10년 이상 장기 저축성보험 • 개인연금저축(2001년 이전 가입) • 생계형저축 3,000만 원(60세 이상)

③ 노후 시기별 특성 고려

□ 비상 예비자금

□ A(의존기): 보험 리모델링-노후 의료비 중점

□ B(활동기, 회상기): 시기별 자금 안분

□ C(기본 생활비): 연금으로 준비

□ D(상속, 증여): 사전 증여와 상속 비교-절세 전략

④ 비상 예비자금(유동성) 고려

□ 3~6개월 생활비만큼의 긴급자금은 항상 확보해야 한다.

MMDA	MMF	CMA
은행	증권, 투신사	종금사, 증권사
1억 이상 2%	2.2 ~ 2.6%	2.6% 내외
500만 원 이상	기간별 차등	각종 이체 가능
예금자 보호	실적배당	은행연계 편리성

⑤ 단기 목적자금 1~3년(안정성)

상호저축은행	지역농협, 수협 새마을금고	ELD(은행)	ELS(증권)
예 · 적금	• 출자금, 예탁금	• 주가연계예금	• 주가연계증권
은행+0.5~1%	• 은행금리 비슷	• 0~12%	• -100~-46%
5,000만 원 예금자 보호	• 1000만 원까지 비과세, • 3,000만 원까지 • 1.4% 저율과세	• 원금 보장	• 조기상환 • 상품별로 다양

⑥ 중기 목적자금-안정성(분산, 적립식 투자)과 수익성 고려

구분	투자 대상	특징
주식형 펀드	주식에 60% 이상	• 고수익 추구
혼합형 펀드	주식에 60% 이하	• 채권투자의 안정성과 주식투자의 수익성을 동시에 추구
채권형 펀드	채권에 60% 이상	• 안전성 수익 추구
MMF	단기 금융상품	• 수시 입출금
부동산 펀드	부동산	• 환금성에 제약이 따르지만 장기투자를 통한 안정적 수익추구
실물 펀드	선박, 석유, 금, 원자재	
해외 펀드	해외지역 투자	• 지역적 분산, 통화 분산 추구
기타 특이 펀드	재간접 펀드(Fund of Funds, ETF, 인덱스 펀드, 파생상품 펀드)	

⑦ 장기 목적자금-비과세, 복리, 물가 극복 고려

일반 연금	UL(유니버셜 보험)	VA(변액 연금)	VUL(변액 유니버셜)
최저 이율 보증 2%	• 최저 이율 보증 2~3% • 사망 보장 설계 용이	• 기납입 보험료 최저 보증	• 사망보험금 보장 • 사망보장 설계 용이
예정 이율 운용	• 채권 투자	• 채권 위주 주식 투자	• 채권, 주식 편입 선택 가능
제한적 입출금 불가	• 수시 입출금 기능	• 제한적 입출금	• 수시 입출금 기능
자동 대출 납입	• 보험료 휴지 기능	• 자동 대출 납입	• 보험료 휴지 기능
최근 선호도 낮음, 실질 금리 극복 한계 때문, 보수적 장기 투자자 선호	• 안정 추구 • 장기 투자자 선호, • 채권 수익률 악화시 수익률 저조	• 원금 보장형 • 고수익실현을 위한 투자자 선호	• 최근 선호도 높음 • 고수익에 대한 기대 • 장기 투자와 위험 헤지 • 보험료 휴지 활용 • 다양한 펀드 옵션 · 기능

⑧ 연금의 종류

□3층 보장제도

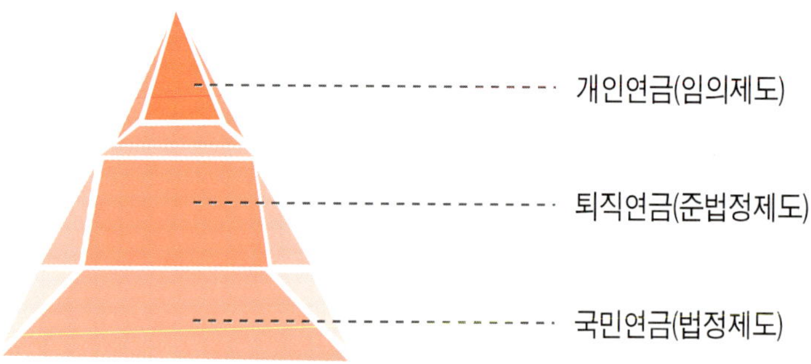

| 그림 3-10 | 3층 보장제도

□ 연금의 분류기준

– 세금에 따라

• 세제적격연금

• 세제비적격연금

– 투자방법에 따라

• 예정이율 또는 연동이율

• 실적 배당형

– 금융기관에 따라

• 은행

• 보험회사

• 증권사

6 금융상품 가입원리 고려

구분	생활자금	단기	중기	장기
목적	• 생활비 • 비상자금	• 여행자금 • 자녀교육	• 자녀교육 • 자녀결혼 • 주택자금	• 자녀결혼 • 노후생활 • 상속, 증여
핵심사항	• 수시입출금 (유동성)	• 확정이자(안정성)	• 목적성(수익성)	• 복지효과 • 비과세(수익성)
주요상품	• CMA • MMF • RP(거치형)	• 정기 예/적금 • ELS, ELD, ELF	• 채권형 펀드 • 주식형 펀드 • 어린이 펀드	• 연금 저축 • 변액 연금 • VUL
	• 위험보장: 종신, 정기, 건강, 상해, 민영의료비 보험 등			

7 재무설계 진행절차 고려

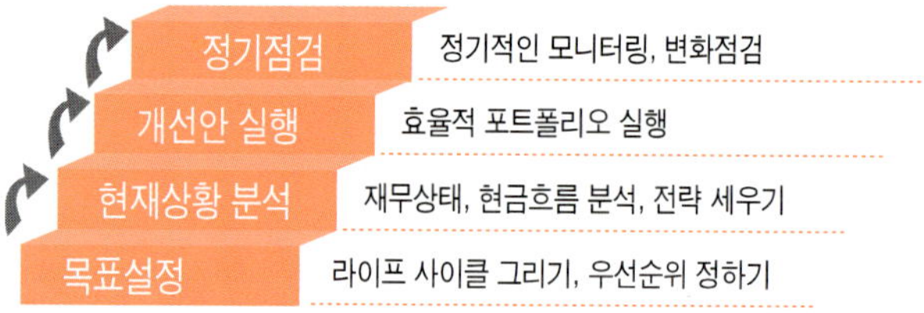

| 그림 3-11 | 재무설계 진행절차

(5) 증권에서 필수적으로 알아야 할 것

Q 증권에서 필수적으로 알아야 할 것은 무엇이 있나요?

1 ••• 펀드

투자의 방식에는 직접 주식이나 채권에 투자하는 직접투자와 투자로부터 모은 자금을 자산운용회사가 채권이나 주식에 투자하여 그 결과를 투자자에게 반환하는 간접투자로 나눌 수 있는데, 그 간접 투자상품을 펀드라고 한다.

펀드는 판매회사(펀드가입회사), 운용회사(투자운용회사), 수탁회사(투자금액관리) 3개의 기관이 역할을 분담하도록 되어 있다.

펀드는 구조가 고위험 고수익을 추구하는 것이 아니고 주식과 채권의 비율에 안정적인 수익을 추구하는 상품도 있다.

2 ··· 어음관리계좌(CMA: Cash Management Account)

종합금융회사가 고객의 돈을 국공채 등 단기금융상품에 투자하여 그 수익을 고객에게 나누어주는 상품이다. 수시입출금이 가능하고 5,000만 원까지 예금자보호대상이다.

3 ··· 채권

일종의 차용증서로 정부, 공공기관, 주식회사 등이 일반으로부터 장기의 자금을 조달하기 위하여 발행하는 유가증권이다.

투자요령을 간단히 설명하면, 시중금리가 상승할 경우 채권의 수익률은 상승(채권가격은 하락)하게 되는데 이때는 채권매도를 고려해 보아야 한다.

4 ··· 환매조건부채권(RP: Repurcnase Agreement)

채권투자의 약점인 환금성을 보완하기 위한 상품으로 금융기관이 나중에 다시 사는 조건으로 채권을 팔고 그 기간에 따라 이자를 다시 지급하고 다시 사는 채권이다.

❶ 파생상품(ELS/ESD)

- 주가지수연계증권(Equity Linked Securites: ELS): 주가지수나 주가변동에 따라 수익률이 결정되는 유가증권이라 말할 수 있다. 그 유형은 주가지수나 주가가 상승 또는 하락시에 수익을 내는 것부터 아주 다양한 유형이 있다. 일반적으로 원금보장형과 원금비보장형으로 나뉜다.
- 파생결합증권(Derivatives Linked Securities: DLS): 파생금융상품(이자율, 주가, 환율 등)과 연계하여 수익률이 결정되는 신개념 유가증권이다.

5 ··· 랩어카운트(WRAP ACCOUNT)

종합자산관리계좌라고도 하는데, 증권회사가 투자자의 성향과 목적 등을 분석하여 고객에게 맞는 채권, 주식 등 다양한 상품으로 포트폴리오를 구성하여 추천하고 운용하여 일정한 보수를 받는다.

출처: 리치플랜에셋(http://asset.theoz.co.kr).

(6) 보험에서 필수적으로 알아야 할 것

품위 있는 노후생활을 위해 은퇴 후 20~30년간 부부가 사용하는 노후자금은 얼마나 될까? 이를 위해 물가상승률, 투자수익률, 저축 금액, 주식과 채권의 투자비중 등 많은 요소를 고려해야 하며, 공공보험의 영역에는 국민연금(p. 80. 'Q & A: 내가 국민연금을 얼마나 받을 수 있는지 알 수 있나요?' 참조)이 있으며, 사보험의 영역에는 종신보험, 정기보험, 연금보험, 실손형 의료보험, 암보험, 변액보험 등이 있다.

Q 보험에서 필수적으로 알아야 할 것은 무엇이 있나요?

1 ··· 종신보험

종신보험은 가입시점부터 생을 마감하는 순간까지 보장을 받는 것이 특징이고, 보험을 종신까지 유지한다고 하면 반드시 보험금을 지급받는 상품이다. 그래서 종신보험을 상속자금으로 활용하기도 하며, 특약의 경우에는 보장기간이 80세, 90세까지로 정해져 있으므로 보장기간이 끝나면 지급받을 수 없다.

종신보험은 피보험자 자신을 위한 것보다는 가족을 위한 보험이라고 할 수 있다. 가장이 사망 또는 고도의 장해 시에는 가정의 수입이 없어지므로 인한 경제적 고통을 보완하는 측면으로 선택을 한다. 요즘 종신보험에는 암, 상해, 입원비 등 여러 가지 특약을 선택하여 피보험자 자신을 위한 기능을 추가하기도 한다.

종신보험에는 일반종신보험, 보장금액이 일정기간이 지나면 줄어드는 더블종신보험, 물가상승에 따른 보험금의 가치하락을 대비하는 측면에서의 변액종신보험 등이 있다.

2 ··· 정기보험

정기보험은 종신보험과 보장내용은 같으나, 보장기간이 종신이 아니라 경제적 가장의 책임기간 등 일정기간만 보장받는다는 것이 구분된다. 암, 상해, 입원 등 여러 특약을 선택할 수도 있으나, 특약의 보장기간은 정기보험 주계약의 보장기간을 초과할 수 없다.

또한 필요에 따라 진단을 추가로 받지 않고 종신보험을 변경도 가능하다. 종신보험이 경제적으로 부담된다고 하면 정기보험을 고려해 보는 것도 하나의 방법이다.

3 ··· 연금보험

최저생계비를 보장하는 국민연금으로 부족한 노후의 생활비를 보충하기 위하여 연금을 받을 목적으로 가입하는 상품이다. 연금의 종류는 공시이율형연금, 변액연금 등이 있으며, 납입기간은 3년, 5년, 7년, 10년, 10년 이상 등 다양하다.
근로자나 자영업자 등이 연말정산 시에 세금을 환급받을 수 있는 소득공제용 연금상품이 있는데, 소득공제용 연금상품은 공시이율형이고 납입기간이 최소 10년 이상이다.

4 ··· 실손형 의료보험

손해보험사에서 출시되어서 상당한 인기를 끌어서 지금은 생명보험사에서도 취급하는 상품으로, 100세까지 실제 사용한 치료비를 병원비와 약제비 중 일정한 금액을 공제한 후에 지급하는 민영의료보험이라고 할 수 있다.
실손형 의료실비보험은 생명보험사 · 손해보험사가 동일하게 3년 갱신 상품으로 100세까지 운영하고 있다. 추가로 암, 상해, 입원비, 진단비 등을 추가할 수 있다.

5 ··· 암보험

향후에는 전국민 3명 중에 1명이 암에 걸린다는 말이 있듯이 암은 우리 모두에게 상당한 불안과 고통을 주는 질병이다. 실제로 암에 걸리면 엄청난 치료비와 경제활동을 하지 못함으로 인한 경제적 곤란으로 상당한 어려움을 겪는 것이 더 큰 문제이다. 그러나 보험사들은 적자를 이유로 암보험을 점차 폐지하거나 다른 보험의 특약으로 전환하는 추세이다.
암보험의 가입요령은 갱신형이 아닌 정액형으로 가입하고, 수술비, 입원비보다 진단비를 많이 받는 상품을 선택하는 것이 좋다.

6 ··· 변액보험

선진국의 경우 금리가 최저 제로(zero, 0) 금리부터 많아야 1~2%인 경우가 대부분이다. 우리나라도 향후에는 선진국처럼 저금리시대가 도래할 것으로 많은 사람들이 생각하고 있다. 그래서 단순히 금리에 의존한 저축, 투자보다 좀 더 높은 수익을 추구하는 상품이 필요하게 되었는데, 이 중 대표적인 것이 변액보험이다.
보험사에서 고객이 맡긴 보험료 중 일정한 금액을 펀드 등에서 투자하여 그 과실을 고객에게 돌려주는 상품이다. 유럽에서는 1950년대부터 판매되었으며, 변액보험의 종류에는 변액연금, 변액유니버셜보험, 변액종신보험 등이 있다.

출처: 리치플랜에셋(http://asset.theoz.co.kr)

(7) 국민연금공단 재무설계 컨설팅

Q 재무상담이 더 필요하시다구요? 국민연금공단 재무설계 컨설팅을 받아보세요!

1 ··· 국민연금관리공단 노후설계서비스(CSA)

노후설계서비스(CSA)는 국민의 체계적 노후준비와 건강한 노후생활을 할 수 있도록 국민연금을 기반으로 노후생활 6대 영역인 재무, 건강, 일, 주거, 여가, 대인관계에 대한 종합적인 정보와 서비스를 부가적으로 제공하는 사업이다.

※ CSA: Consulting on Successful Aging

2 ··· '내연금 알아보기' ▶ '노후재무 시뮬레이션'을 클릭해 보세요.

3 ••• 아래와 같이 간단재무설계가 나옵니다. 여러분의 정보를 입력하고 다음을 클릭하여 계속 정보를 입력하세요(기본정보 입력 ▶ 노후자금 입력 ▶ 필요자금 입력).

4 ••• 재무설계 결과보기를 통해 여러분의 노후 필요자금과 준비자금을 확인하실 수 있습니다.

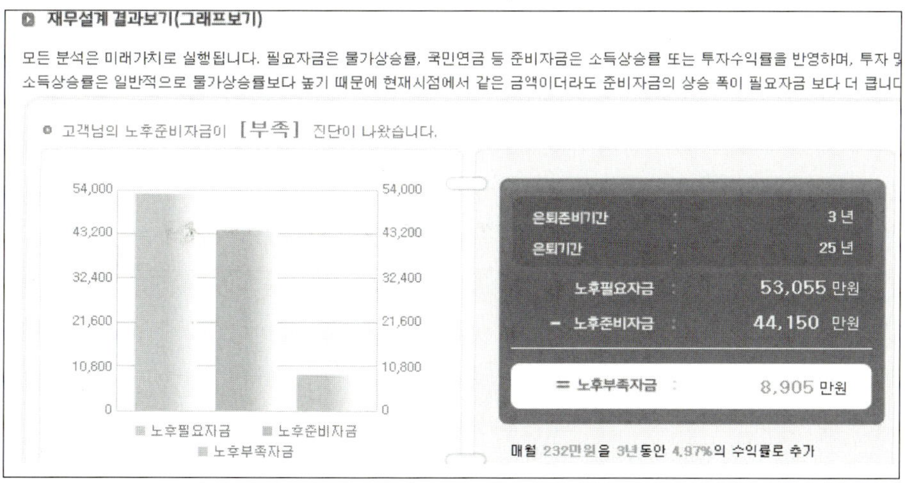

5 ··· 서비스 내용

❶ 노후소득상담: 주고객 30~40대

1단계 (연금수급권 확보)	국민연금 예상연금액을 기반으로 노후부족자금을 산출하고 반납·추납금, 미납보험료 납부, 납부재개 등을 통한 국민연금 수급액 증액 및 신규 수급권 확보 유도
2단계(재무설계)	은퇴설계·생애재무설계를 통해 가계재무의 건전성을 진단하고, 노후필요자금과 준비자금 산출 및 부족자금에 대한 대안 제시

❷ 노후생활상담: 주고객 50대 이후

1단계(정보제공)	고객의 비재무 영역(건강, 일, 대인관계, 주거, 취미, 여가)에 대한 진단을 통해 필요부분을 확인하고, 유용한 맞춤형 정보 제공
2단계(사회자원 연결)	노후생활 영역별 전문기관에 연계를 통해 고객필요 서비스 연결

6 ··· 온라인 상담신청

재무설계사, 사회복지사, 노후설계상담사 등 전문 컨설턴트가 노후설계에 관한 1:1 맞춤 상담을 진행하고 있다. 재무, 건강, 일/취업, 취미/여가, 주거, 대인관계 등 다양한 영역에서 상담신청이 가능하다(전화상담: 1355, www.nps.or.kr).

출처: 국민연금공단 노후설계사이트(http://csa.nps.or.kr).

제4장

노후생활설계의 동향과 과제

세월의 흐름은 나이가 들수록 가속이 더 붙는다고 말한다. 60대에는 60km의 속도로, 70대에는 70km의 속도로, 80대에는 80km의 속도로 달리는 자동차와 같은 세월의 흐름이라고 말한다. 그래서 별 생각 없이 어정어정하다간 금세 노후가 지나가 버리고 만다. 노년기는 인생의 의미를 새롭게 깨달아가며 총정리하여야 할, 인생 마지막 남은 시기가 아닐까? 이때에는 삶과 죽음의 의미를 함께 아우르며 삶과 행복의 의미를 돌이켜 바라보고, 행복을 다시 관조해야 할 인생의 가장 중요한 시기일 것이다. 노년을 삶의 시작으로 생각한다면 가진다면 우리가 살아온 모든 시간들이 의미와 가치로 빛날 것이다.

1 노후생활설계 프로그램 동향

고령화 속도가 점차 빨라지고, 베이비붐 세대의 은퇴진출을 눈앞에 두고 있는 시점에서 노후생활에 대한 관심은 점차 증가하고 있다. 이에 발맞춰 보건복지부는 서울대학교 노화고령사회연구소와 한국형 노후생활설계 교육 프로그램 개발을, 한국보건사회연구원과는 노후설계서비스 지원체계 구축 및 운영방안을 연구한 바 있다. 국가적 차원에서는 ≪새로마지플랜 2015≫에서 베이비붐세대를 지원하기 위해 노년기 생애대비 노후생활설계 강화를 위한 노후설계서비스를 본격적으로 실시할 예정이다. 이를 위해 〈노후설계 프로그램 개발 및 표준화〉[1], 〈노후설계서비스 인프라 구축〉[2], 〈노후설계 활성화를 위한 민관 협의회 및 지원체계 구축 | 그림 4-1 |〉[3], 〈노후설계서비스 제공체계 확립〉[4], 〈노후설계지원센터 지정 · 운영〉[5] 등을 추진계획으로 삼고 있다.

---

1) 제3기 인생설계를 위한 재무, 건강, 시간 및 여가 · 취미, 배움, 정서, 봉사활동 등 노후설계 영역별 프로그램을 개발하고 이를 표준화할 예정이다.

2) 노후설계 교육기관 인증제 도입 및 노후설계 자격관리 도입을 검토하고 있다. 이는 노후설계에 대한 다양한 교육기관과 전문 인력을 확충하여 노후생활설계에 대한 중요성을 극대화함을 의미한다.

3) 민관 합동 노후설계기관 협력체계를 구축하기 위하여 보건복지부 주관으로 지방–공공–민간 등 노후설계기관 간 상호 보완적 협력체를 구성할 계획이다.

4) 정부기관 및 공공기관, 민간기업, 일반국민 등에게 노후설계서비스를 제공하여 지역사회에서 노후설계서비스가 활발히 이루어질 수 있도록 수행체계를 마련하도록 한다.

5) 노후설계서비스 업무를 효율적으로 수행하기 위해 노후설계 프로그램 개발 및 보급, 민 · 관 네트워크 구축 및 연계, 설계서비스 제공 및 수요처 발굴 등을 지원할 총괄전담기구를 지정, 운영할 계획이다.

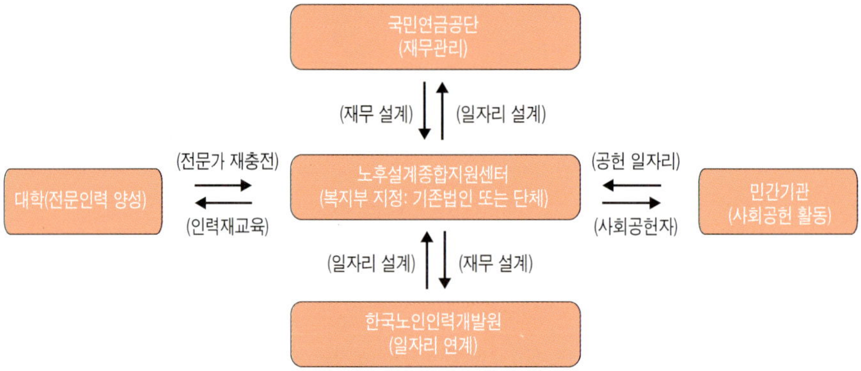

| 그림 4-1 | 노후설계 민 · 관 네트워크

출처: 보건복지부(http://www.mw.go.kr).

국민연금관리공단은 노후설계 전문사이트 '내연금(http://csa.nps.or.kr)' 을 개편 · 오픈하여 퇴직연금, 개인연금 준비 정도에 따른 시뮬레이션과 노후 재무설계를 통하여 본인 스스로 은퇴준비 상황을 미리 예측해 볼 수 있도록 하였다. 증권 분야에서도 안정적인 노후설계를 위해 변액연금보험, 라이프사이클보험 등 다양한 보험상품이 출시되고 있으며, 노후설계를 보다 체계적으로 연구하기 위한 은퇴연구소가 설립되는 등 발 빠른 움직임을 보이고 있다. 대표적으로는 미래에셋퇴직연금연구소가 있으며, 최근 삼성생명이 은퇴연구소를 발족하여 '선진형 은퇴설계 모델' 에 바탕을 둔 새로운 연금 상품 연구와 개발, 은퇴정보 웹사이트 구축 등을 계획 중에 있다.

한편 교육을 통한 전문인력 양성에 초점이 맞춰지면서 대학에서 노후생활설계를 위한 전문교육을 실시하고 있다. 서울대학교 노화고령연구소 '제3기 인생대학' 은 40~50대 연령대(베이비부머 세대)를 대상으로 중년기 이후의 노화과정에 대한 이해를 돕고 건강하고 보람찬 제3기 인생(The third age: 은퇴 후 건강하게 지내는 시기)을 보낼 수 있도록 한 학기 매주 2시간씩 13주간 13개 강좌로 구성되며, 총 2학기 26개 강좌의 과정이다(서울대학교 노화고령사회연구소 홈페이지, http://ioau3a.snu.ac.kr). 서울사이버대학교는 2007년부터 2008년까지 2년간 교육인적자원부의 지원을 받아 원격대학특성화사업으로 '노후생애설계 교육 프로그램' 운영사업을 추진하고, 개발된 교과목을 노후생애설계교육을 위한 교과과정으로 편성하여 운영하고 있다. 노년기의 이해, 인간관계, 자산관리, 심리 및 주기준비 등 6개 영역을 전체 40차시로 8주 동안 교육하여 수료증을 발급하고 있다(노후생애설계교육 홈페이지, http://life.iscu.ac.kr).

전문인력을 양성하여 지원하는 기관으로는 한국노인인력개발원과 경기도노인일자리지원센터를 들 수 있다. 우선 한국노인인력개발원 고령자 은퇴 후 생애설계서비스(PBL)와 고령자생애관리서비스 전문인력양성 프로그램(SLCA)은 고령자의 생애역할, 사회적 관계 등을 종합적으로 분석하여 고령자의 전 생애에 걸친 자기개발 촉진 및 생애설계 지원이 가능한 전문인력을 양성한다. 한국노인인력개발원 100세누리 홈페이지(http://www.100senuri.go.kr)를 통해 더 자세한 정보를 알 수 있다.

경기도는 급속한 노령화시대에 안정적인 노후생활을 지원하고, 은퇴 전문인력을 양성하기 위하여 2010년 3월부터 5월까지 경기실버아카데미 '노후생활설계사'를 양성하고, 6월부터 경기도 내 노인복지관에 2명씩 배치하였다. 현재 노인일자리사업의 일환으로 근무하고 있으며, 노인복지관을 이용하는 노인들을 중심으로 노인복지정책과 서비스, 건강 및 여가관리, 자산관리 위주의 노후설계를 진행하고 있다.

이러한 흐름을 종합적으로 살펴보면, 재무영역으로 치우친 노후생활설계에서 건강, 보험, 교육, 여가 등 다각적인 관점으로 노후설계 프로그램[6)]이 출시되고 있다는 공통점을 발견할 수 있다.

▲ 국민연금관리공단 노후설계 전문사이트 '내연금'

▲ 은퇴설계 정보제공 사이트 '미래에셋퇴직연구소'

▲ 경기실버아카데미 '노후생활설계사'

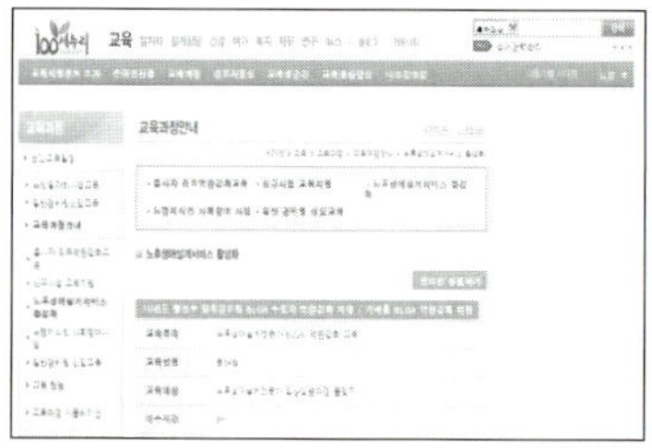

▲ 한국노인인력개발원 '고령자 은퇴 후 생애설계서비스' 과정

▲ 서울대학교 '제3기 인생대학'

▲ 서울사이버대학교 'E-노후생애설계 프로그램

6) 우리나라 노인이 인식하는 가장 중요한 노후생활준비로 경제적 준비율이 68%인 반면, 사회활동 준비율은 42%에 불과하여 주로 경제적 준비 등 특정영역에 국한되어 있음을 알 수 있다(한국보건사회연구원, 2008). 그러나 오늘날 노후생활을 만족스럽게 보내기 위한 일환으로 여가, 건강관리, 사회활동, 종교활동 등이 매우 큰 영향을 미치고 있음을 살펴볼 때 다각적인 영역에서 노후생활설계를 다루어야 한다.

2 노후생활설계 향후 과제

'조지 베일런트'가 쓴 ≪행복의 조건≫이란 책은 1930년대 말 하버드에 입학한 268명의 삶을 72년간 추적하여 행복의 조건이 무엇인가를 탐구한 것이다. 이 책에 보면 건강한 노화를 예견하는 행복의 조건 7가지가 나온다. 첫째는 고난에 대처하는 자세(성숙한 방어기제)이고, 둘째는 교육, 셋째는 안정된 결혼생활, 넷째는 금연, 다섯째는 적당한 술, 여섯째는 운동, 마지막은 알맞은 체중이다.

이러한 행복의 조건 7가지야말로 성공적인 노후생활설계를 위해 가장 필요한 기본 조건이 될 수 있지 않을까 싶다. 실제로 노인복지실천은 이와 같은 어르신들의 행복한 노후생활을 실현하기 위한 목표를 갖고 있어야 한다. 즉, 진정한 노인복지실천은 어르신들이 인생의 고난에 맞설 수 있는 당당한 능력을 배양하고, 평생 배우고 익히는 학습욕구를 충족시켜나가며 아름다운 가정을 지속적으로 유지해나갈 수 있도록 지원하는 것이다. 건강한 신체기능을 보존하고 가꾸어 가도록 다양한 서비스 개입을 전문적으로 수행하는 활동이다.

따라서 최고 수준의 노인복지실천은 어르신의 행복한 삶을 구현하기 위해 최소한 다음과 같은 4가지 활동을 선도적으로 감당해 나가야 한다고 본다. 첫째는 새로운 사회적 만남, 둘째는 놀이 활동, 셋째는 창조성을 발휘할 수 있는 활동, 넷째는 평생 공부가 그것이다.

이와 같은 활동들 중에서 첫번째와 두번째는 이미 많은 노인복지관에서 다양한 사업과 프로그램을 통해서 체계적이면서도 전문적으로 해나가고 있다. 하지만 세번째와 네번째는 보다 근본적인 노인복지 패러다임의 전환이 전제되어야 실효성을 얻을 수 있을 것이다. 사실 기존의 노인을 위한 사회복지서비스는 4중고(빈곤,

질병, 고독, 무위)에 집중되어 이루어져 왔다. 대표적인 예로 노인장기요양보험과 기초생활수급제도를 들 수 있다.

그러나 이 같은 서비스는 향후 노인인구 대비 부양인구(청장년층)가 감소되었을 때에는 현재와 동일한 급여와 서비스를 지속하기 어려울 것으로 예상된다. 그래서 앞으로 노인복지의 핵심은 사후적 차원이 아닌 예방차원의 사회복지실천이 크게 확대될 것으로 판단된다. 따라서 노인을 나약하고, 보호받아야 할 존재로만 인식해온 기존의 패러다임을 이젠 탈피하여야 한다. 그리고 지역사회 내에서 충분히 생산적인 역할을 수행할 수 있도록 역량을 키울 수 있는 인프라의 구축이 이루어져야 할 것이다. 이를 위해 가장 중요한 수단은 바로 평생교육이며, 노인을 평생교육의 장으로 유인하는 기관은 평생교육에 관한 노하우를 제공할 수 있는 기관이어야 할 것이다. 또한 노인의 특성을 충분히 이해하고, 지역사회와의 연계를 이끌어 낼 수 있는 전문기관이 되어야 할 것이다.

과거 은퇴 후의 삶은 죽음을 기다리는, 죽음을 향해 나아가는 시간을 의미하였다. 죽음 앞에 모든 인간은 무력할 수밖에 없었으며 그 과정은 인간의 선택과는 무관한 운명적인 것처럼 여겨져 왔다. 그러나 이제는 달라졌다. 노년은 또 다른 인생의 시작으로서 새로 부여받은 시간을 의미하게 되었고, 본인이 앞으로의 인생을 어떻게 꾸려나가느냐의 문제는 노년의 삶의 질과 깊은 연관성을 갖게 되었다. 이는 또한 생명 연장에도 영향을 미치면서 제3의 인생에서 가장 중요한 요소는 개인의 선택이라는 점을 여러 사례들을 통해 보여주고 있다.

세계적인 석학 피터 드러커는 95세에 죽을 때까지도 왕성한 집필 활동을 하면서 열정적으로 살았다. 그가 쓴 ≪피터 드러커 강의≫, ≪프런티어의 조건≫, ≪다섯가지 경영원칙≫ 등 여러 저서들은 거의 대부분 베스트셀러가 되어 수많은 사람들에게 영향을 미쳤다. 또한 작곡가인 베르디는 81세에 유명한 오페라 '폴스타프'를 작곡하여 무대에 올렸다. 증기 기관차를 발명한 제임스 와트는 64세에 독일어를 배우기 시작했고, 80세가 넘어서도 기계 설계를 계속했다. 미국의 커널 샌더스는 65세의 나이에 켄터키 후라이드 치킨(KFC)을 개발하여 전세계 체인점에 그의 얼굴을 보여주었다. 이들은 남아 있는 열정을 완전히 소진하고, 더 이상 어떤 기력도 없이 쓰러질 때까지 자신의 삶에 의미를 부여하는 가치 있는 일들을 찾아 '영원한 현역'으로 인생을 살아간 사람들이다.

따라서 인생의 즐거움을 추구하는 주체로서 노인들이 왕성하게 활동할 수 있도록 다양한 평생교육 · 여가 · 문화 자원과 환경을 창조적으로 조성하는 일은 무엇보다 중요하며, 우리가 해야 할 몫이라고 생각한다.

이쯤 되면 우리가 추구해야 할 노인복지실천은 성공적인 노후생활설계를 전제로 한, 어르신들의 행복한 삶을 창출해내기 위해서인 것이다. 이렇게 노후생활설계를 감안한 노인복지실천이 이루어져야 하는 이유는 다음과 같이 설명할 수 있다.

첫째, 고령화에 따른 생애주기 간격의 변화에 부응하는 혁신적인 노인복지실천이 강력히 요구되고 있다. 통계청의 기대수명 자료에 따르면 2011년 우리나라 평균 기대수명은 79.4세(여성 82.36세, 남성 75.74세)로 세계평균 67.6세보다 12살 높다. 평균기대수명을 적용하면 1954년생(57세) 남성의 79%(1,000명 중 792명)가 20년 뒤 2030년 77세가 되고, 이들 가운데 절반은 그때부터 다시 22.6년을 더 살아 약 100세까지 생존할 수 있다는 계산이 가능하다. 이처럼 기대수명이 크게 증가하는 현실에서 가장 필요한 것은 기존의 생애주기의 간격을 바꾸는 일이라고 본다.

지금 우리 사회의 모든 제도와 체제, 국민 의식은 아직도 20대에 대학을 졸업하고 취직하며 50~60대까지 일하다 80대에 삶을 마감하는 것에 머물러 있다. 하지만 이미 우리 앞에 가시화된 현실은 100세 시대이다. 곧 일반적인 현상이 될 100세 시대에서는 50~60대에 은퇴한 뒤 인생의 절반에 해당하는 노후의 삶을 살아야 하는데 과거의 시스템은 유효하지 않게 된다. 이에 따라 인생 100세 시대에는 개인의 요구에 따라 학습, 일과 여가를 자유롭게 선택하고, 그 선택도 나이와 상관없이 순환적으로 일어나게 될 것이다. 이는 동시에 다양한 노년기 역할과 삶의 선택이 가능하게 되었음을 의미하므로 노인의 정체성 확립과 자아실현, 욕구충족을 위한 평생교육의 필요성이 더욱 강조될 수밖에 없는 것이다.

둘째, '평생직장' 의 개념에서 '평생현역' 의 관점으로의 전환이 절실하게 요구된다. 100세 시대에서는 평생직장 대신 평생현역이 더 중요한 가치가 될 것이다. 가령 평생 한 직장, 한 직업을 갖는 시대가 아니라 평생학습을 통해 끊임없이 새로운 일자리를 찾을 수 있도록 '현역기간' 을 늘리는 일이 절실하게 요구된다. 이는 단기적이며 시혜적인 노인복지 정책에서 탈피하여 장기적이고 예방적 차원의 적극적이며 능동적인 대처가 있어야 함을 말한다.

바로 여기에서 덴마크, 스웨덴 등과 같은 북유럽식 '학습-고용-복지' 연계 모형에서 나타나는 평생교육체계를 벤치마킹할 필요가 있는 것이다. 이들 북유럽 국가에서는 평생 재교육과 유기적인 재취업 등의 사회 시스템 구축과 효과적인 운영을 사회복지 분야에서 감당하고 있다. 즉, 정부와 사회가 평생 지원하는 각종 재교육, 취업알선 프로그램이 노인복지실천 분야의 핵심 영역으로 기능하고 있는 것이다.

셋째, 지역사회를 평생교육의 거점으로 혁신할 필요가 제기되고 있다. 지역사회의 구성원들이 평생교육을 받을 수 있는 교육환경에 대한 요구가 점차 커지고 있다. 특히 학교 중심 교육체제 일변도에서 복지관을 비롯한 다양한 민간교육 체제와의 유기적인 연계망을 구축해야 할 필요가 많아지고 있다. 이에 따라 노인복지관도 단순한 여가문화복지 기관에서 고령친화적 학습 체계의 하나로 인식되어지고 있는 것이다. 향후 고령자들을 위한 학습시설 및 환경을 조성해나가고, 고령친화적인 학습내용, 교수학습 방법, 교과과정 등을 적극적으로 마련해 나가지 않으면 안 될 상황이 다가올 것으로 본다.

넷째, 지역사회 자원 연계 네트워크가 보다 더 중요시 될 것이다. 지자체, 지역에 소재한 대학 및 평생교육기관 등 지역사회의 관련 자원이 동참할 수 있는 평생학습 통합지원센터로서의 역할을 노인복지관이 수행해야 할 필요성이 제기될 것이다. 특히 대표적인 고등교육기관이라 할 수 있는 대학과의 유기적인 연계를 통해 노인복지관이 지역 어르신들의 역량을 강화하는 재교육기관으로서의 기능도 감당해 나가도록 그 역할과 기능이 확대될 것이다. 동시에 일반 평생교육센터나 문화센터 등과 같은 유사 서비스를 제공하는 기관과의 서비스 질 경쟁에서 뒤처지지 않기 위해서도 지역사회 자원 연계 네트워크는 매우 중요한 이슈가 될 것이다.

이상의 이유들로 인해 향후 우리가 추구해야 할 노인복지실천은 다음 | 그림 4-2 | 와 같은 노후생활설계의 필수 요건들을 토대로 수행되어야 할 것이다.

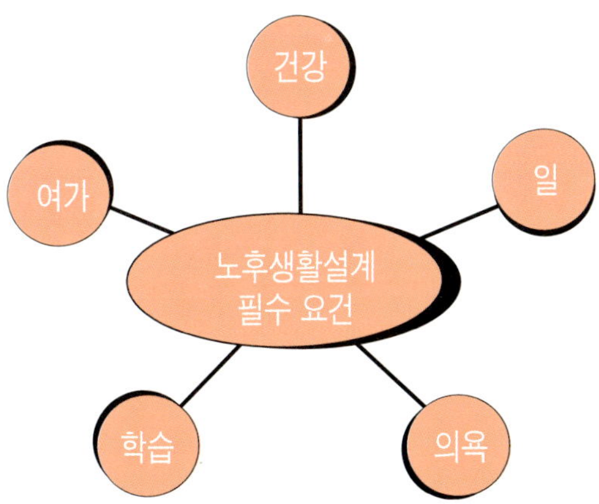

| 그림 4-2 | 노후생활설계의 필수 요건들

즉, 노후생활설계의 향후 과제는 어르신들의 건강과 여가, 일, 학습, 삶을 사는 의욕 등이 마음껏 충족될 수 있게끔 다음 | 그림 4-3 |과 같은 노후생활설계 수행 방법들을 보다 전문화하고 체계화하여 노인복지실천을 통해 실행해 나가는 데에 있다고 본다. 정리하면 교육, 네트워크, 상담, 역량강화 및 변화를 향한 다양한 활동들을 해 나가야 하는 것이다.

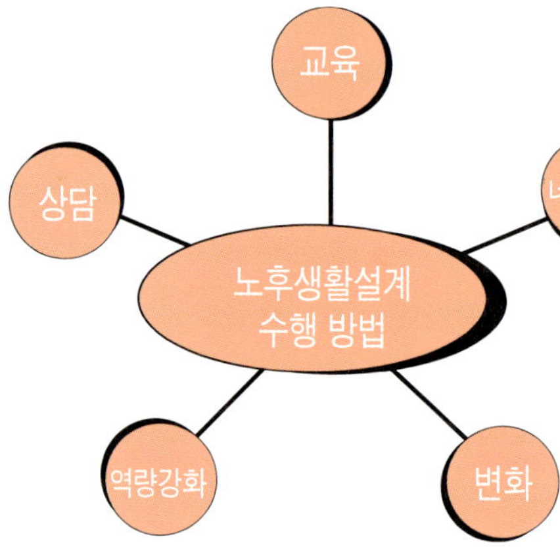

| 그림 4-3 | 노후생활설계 수행 방법

이렇게 어르신의 행복한 노후생활을 위해 노인복지실천 전문가들이 열심히 일하게 되면 많은 어르신들이 역동적인 삶을 살 수 있게 될 것이다. 생애 마지막까지 열정을 불태우며 자신의 능력을 발휘하며 행복하게 생활하시도록 어르신들을 지원하고, 격려하며 함께 즐기며 필요로 하시는 교육을 서비스로 제공하는 일을 전문적으로 수행하는 일이 노인복지실천인 것이다. 흔히 노년은 허무와 실망과 좌절의 시기로 대변되기가 쉽지만 노년기에 그동안 쌓은 인생의 경험과 지혜와 경륜을 가지고 인생의 말년을 더욱 활기차게 살게끔 해야 하는 것이다.

부록

1_ 노후생활에 도움이 되는 테스트
(노인에 대한 생각, 치매 자가진단, 소비 IQ 테스트 등 수록)

2_ 성공적 노후생활설계를 위한 실습

은퇴기 친구의 중요성을 일깨워주는 이야기로 '개구리와 공주' 가 있다. 어떤 노인이 개구리 한 마리를 잡았는데 개구리는 이렇게 말했다고 한다.

"키스를 해주시면 저는 예쁜 공주로 변할 거예요."

그런데 이 말을 들은 노인은 키스는커녕 개구리를 주머니 속에 넣어 버렸다. 개구리는 깜짝 놀라 ""키스를 하면 예쁜 공주와 살 수 있을 텐데 왜 그렇게 하지 않죠?" 하고 물었다. 그랬더니 노인은 "솔직히 말해 줄까? 너도 내 나이가 되어 보면 공주보다 말하는 개구리가 더 좋을 거야!"라고 말했다고 한다.

친구가 귀해지는 은퇴기에는 이야기 상대가 매우 중요해진다. 나와 많은 대화를 나눌 수 있는 친구가 가까이 있다는 것은 커다란 축복이다. 노인이 예쁜 공주보다 주머니 속에 늘 지니고 다닐 수 있는 말하는 개구리를 선택한 이유가 여기에 있다.

1 노후생활에 도움이 되는 테스트

1) 노인에 대한 생각 설문지

	노인에 대한 생각	예	아니오
1	모든 노인들은 다 비슷하다.		
2	대부분의 노인들은 수용시설에서 산다.		
3	대부분의 노인들은 외롭고 그들의 가족으로부터 소외당하고 있다.		
4	노인들은 젊은이들보다 급성질환을 가진 경우가 더 많다.		
5	은퇴는 남자들보다 여자들에게 덜 어렵다.		
6	요양소에 들어가는 노인들의 대다수는 남은 생애동안 그곳에 머무른다.		
7	노인들은 배울 수 없다.		
8	대부분의 노인들은 성에 흥미가 없고 성적 활동도 불가능하다.		
9	노인들은 젊은이들보다 죽음을 더 무서워한다.		
10	노인들의 대부분은 언짢아지기를 잘하며 싸우기를 잘한다.		
11	치매는 노년기에 나타나기 마련이다.		
12	은퇴는 쇠약과 조기 사망을 초래한다.		
13	보다 나이가 많은 노동자들이 높은 사고율과 불참률을 나타낸다.		
14	대부분의 노인들은 자녀와 같이 사는 것을 선호한다.		
15	노령은 65세에 시작된다.		
16	노인들의 대부분은 자신들의 생활방식에 굳어져서 변화할 수 없다.		
17	노인들은 젊은 사람들보다 덜 생산적이다.		
18	노인들은 젊은 사람들보다 투표율이 낮으며 정치적 관심도 낮다.		
19	앓는다는 것은 늙었다는 것의 필연적인 결과이다.		

	노인에 대한 생각	예	아니오
20	사람들은 늙어가면서 점차 종교적이 된다.		
21	노인들은 젊은이들보다 범죄의 희생물이 되는 비율이 높다.		
22	노인들의 대부분은 자신들이 건강상태가 나쁘다고 생각한다.		
23	사람들은 나이가 들면서 정치적으로 보다 보수적이 된다.		
24	은퇴하면 대개는 공기 좋은 시골로 이주한다.		
25	노인의 대부분은 최저생계수준 이하의 수입을 갖는다.		

나의 점수는?	점

Q 25개의 문항에 대해 체크를 다한 후에, 옆에 앉은 분과 체크한 문항에 대해 토론해 보세요. 자신이 노인에 대해 갖고 있는 편견, 고정관념, 인식 등을 논의해 보세요.

2) 1분 치매 자가진단

	최근 나에게 해당되는 곳에 체크하세요.	예	아니오
1	전화번호나 사람이름을 기억하기 힘들다.		
2	어떤 일이 언제 일어났는지 기억하지 못할 때가 있다.		
3	며칠 전에 들었던 이야기를 잊는다.		
4	오래 전부터 들었던 이야기를 잊는다.		
5	반복되는 일상생활에 변화가 생겼을 때 금방 적응하기가 힘들다.		
6	본인에게 중요한 사항을 잊을 때가 있다(배우자 생일, 결혼기념일 등).		
7	다른 사람에게 같은 이야기를 반복할 때가 있다.		
8	어떤 일을 해놓고도 잊어버려 다시 반복할 때가 있다.		
9	약속을 해놓고 잊을 때가 있다.		
10	이야기 도중 방금 자기가 무슨 이야기를 하고 있었는지를 잊을 때가 있다.		
11	약 먹는 시간을 놓치기도 한다.		
12	여러 가지 물건을 사러 갔다가 한두 가지를 빠뜨리기도 한다.		
13	가스불을 끄는 것을 잊어버린 적이 있다. 또는 음식을 태운 적이 있다.		
14	남에게 같은 질문을 반복한다.		
15	어떤 일을 해놓고도 했는지 안 했는지 몰라 다시 확인해야 한다.		
16	물건을 두고 다니거나 또는 가지고 갈 물건을 놓고 간다.		
17	하고 싶은 말이나 표현이 금방 떠오르지 않는다.		
18	물건 이름이 금방 생각나지 않는다.		
19	개인적인 편지나 사무적인 편지를 쓰기 힘들다.		
20	갈수록 말수가 감소되는 경향이 있다.		
21	신문이나 잡지를 읽을 때 이야기 줄거리를 파악하지 못한다.		
22	책을 읽을 때 같은 문장을 여러 번 읽어야 이해가 된다.		
23	텔레비전에 나오는 이야기를 따라가기 힘들다.		
24	자주 보는 친구나 친척을 바로 알아보지 못한다.		

	최근 나에게 해당되는 곳에 체크하세요.	예	아니오
25	물건을 어디에 두고 나중에 어디에 두었는지 몰라 찾게 된다.		
26	전에 가본 장소를 기억하지 못한다.		
27	방향 감각이 떨어졌다.		
28	길을 잃거나 헤맨 적이 있다.		
29	물건을 항상 두는 장소를 잊어버리고 엉뚱한 곳을 찾는다.		
30	계산능력이 떨어졌다.		
31	돈 관리를 하는 데 실수가 있다.		
32	과거에 쓰던 기구 사용이 서툴러졌다.		
나의 점수는?			점

예를 선택한 항목이 17개 이상이면 치매를 의심해 볼 수 있습니다.

출처: SDQ(Samsung Dementia Questionnaire), 삼성병원 신경과 나덕렬 교수팀.

3) 나의 소비 IQ 테스트: 나는 돈을 잘 쓰고 있는 편인가?

일시: 20 . . 성명:

1점_나와 똑같다. 2점_나와 많이 비슷하다.
3점_그런 면도 있고, 안 그런 면도 있다. 4점_거의 비슷하지 않다.
5점_전혀 다르다

	내용	점수
1	월급 등 돈이 생길 때마다 은행 통장에 넣어둔다.	
2	카드사용 영수증을 밥값, 옷값, 술값 등 내용별로 모아둔다.	
3	고정비용 지출을 위해 수입의 일부를 저축한다.	
4	세금공제를 받는 계좌(퇴직연금, 개인연금)에 매달 돈을 넣는다.	
5	큰돈을 쓸 때는 종이에다 미리 계획을 짜서 기록해 둔다.	
6	식료품을 살 때는 미리 품목을 적은 후 그것에 맞춰 구입한다.	
7	식료품 가게에 1주일에 한 번 이상 가는 일이 적다.	
8	여러 가지 쿠폰을 모아뒀다가 필요할 때마다 사용한다.	
9	크든 작든 물건을 살 때마다 품질, 가치, 가격 등을 비교한 후 산다.	
10	신용카드 대금은 연체하거나 연장하지 않고 결제한다.	
11	돈 빌린 게 없다(살고 있는 집과 사용 중인 자동차 대출 제외).	
12	자동차 보험 가입 때 여러 회사를 비교하고 가입했다.	
13	일주일에 한 번 이상 외식을 하지 않는다.	
14	저녁 때에 하루 종일 얼마를 썼는지 계산할 수 있다.	
15	은행 잔고와 입출금 내역을 하나하나 살펴본다.	
나의 점수는?		

※ 15개 문제에 매긴 점수를 합한다.

15~21점_ 탁월하다. 다른 사람에게 현명한 소비에 대해 조언할 자격이 된다.

22~34점_ 좋은 편이다. 약한 분야에 좀 더 집중하면 된다.

25~49점_ 평균 수준이다. 소비하는 것에 대해 다시 고민하고, 퇴직자금 마련을 위해 저축을 늘리는 것이 좋다.

50~64점_ 평균 이하로 형편없다. 심각한 금전적 문제에 맞닥뜨리지 않기 위해서는 지금 당장 소비 습관을 바꿔야 한다.

65점 이상_ 최악이다. 생각과 생활습관의 변화가 필요하다.

출처: 우승호(2006). 노후설계백서. pp. 38-39.

4) 노후생활계획 테스트

다음 귀하가 노후생활을 위해 어떻게 준비하는지에 관한 질문입니다. 귀하의 생각에 해당되는 곳에 V 표시해 주십시오.

	내용	전혀 그렇지 않다 ①	그렇지 않다 ②	보통 그렇다 ③	그렇다 ④	매우 그렇다 ⑤
1	남은 삶의 건강한 생활을 위해 과식하지 않는다.					
2	남은 삶의 건강한 생활을 위해 보약이나 건강식품을 먹는다.					
3	성인병에 대해 조심을 하느라 지방이나 당분의 섭취를 적게 한다.					
4	남은 삶의 건강한 생활을 위해 음주, 흡연은 피한다.					
5	사후에 천당이나 극락 같은 세계가 있다고 생각하므로 죽음이 두렵지 않다.					
6	스트레스가 쌓이지 않도록 나름대로 노력한다.					
7	친구들과의 모임에는 늘 참여하고 있다.					
8	남은 삶을 위해 취미생활을 하고 있다.					
9	남은 삶을 위해 보험을 들었다.					
10	남은 삶을 위해 매달 저축을 한다.					
11	남은 삶을 위해 지금 절약하며 생활한다.					
12	앞으로의 생활비는 나 스스로 해결할 수 있다.					

5) 마음의 건강도 자기평가표

다음 귀하의 마음의 건강도에 관한 질문입니다. 귀하의 생각에 해당되는 곳에 V 표시해 주십시오.

		내용	예	아니오
A 항목	1	매일의 생활에 충실합니까?		
	2	지금까지 즐겁게 해 왔던 일을 지금도 즐겁게 하고 있습니까?		
	3	이전에는 즐겁게 했던 일을 지금은 귀찮게 느껴집니까?		
	4	자신은 필요한 사람이라고 생각합니까?		
	5	이유 없이 피곤한 느낌이 듭니까?		
B 항목	6	죽음에 대해서 몇 번이나 생각한 적이 있습니까?		
	7	기분이 심하게 가라앉아서, 자살에 대해서 생각한 적이 있습니까?		
C 항목	8	최근(가까운 2주간) 심하게 곤란했던 일이나 괴롭다고 생각했던 적이 있습니까? (그것은 어떤 일이었습니까?)		

마음의 건강도 자기평가표 결과

체크한 대답이
A항목 2개 이상일 때,
B항목 1개 이상일 때,
C항목 내용에 따라 판단합니다.

예 배우자와 가족의 사랑, 친척과 이웃의 자살, 치료기관에서 퇴원 등의 경우

※ 해당하는 것이 있으면 전문가와 상담을 권합니다.

출처: 시립서대문노인종합복지관 노인자살예방센터 홍보자료.

6) 삶의 질 테스트

다음 귀하가 느끼는 삶의 질에 관한 질문입니다. 귀하의 생각에 해당되는 곳에 V 표시해 주십시오.

내용		매우 불만이다	대체로 불만이다	보통이다	대체로 만족한다	매우 만족한다
		①	②	③	④	⑤
1	당신은 요즘 모든 것을 낙관적으로 보며 살아가십니까?					
2	요즘 당신의 소비 수준에 대하여 어떻게 느끼십니까?					
3	요즘 당신의 신체 상태에 대해서 어떻게 느끼십니까?					
4	요즘 당신의 전반적인 생활에 대해서 어떻게 느끼십니까?					
5	당신의 수면 상태에 대하여 어떻게 느끼십니까?					
6	당신은 요즘 남들만큼 가치 있는 사람이라고 느끼십니까?					
7	당신은 요즘 가족 관계에 대해서 어떻게 생각하십니까?					
8	당신은 요즘 쉽게 좌절감을 느끼십니까?					
9	당신이 소유하고 있는 재산에 대해서 어떻게 느끼십니까?					
10	당신은 요즘 용돈에 대해서 어떻게 느끼십니까?					
11	당신은 요즘 의욕적인 생활을 하고 있습니까?					
12	당신은 요즘 우울함을 느끼십니까?					
13	당신은 요즘 마음이 평온합니까?					
14	당신은 요즘 함께 일하는 사람들과의 관계에 대해서 어떻게 느끼십니까?					

	내용	매우 불만이다	대체로 불만이다	보통이다	대체로 만족한다	매우 만족한다
		①	②	③	④	⑤
15	당신은 요즘 이웃 관계에 대해서 어떻게 느끼십니까?					
16	당신은 요즘 자녀와의 관계에 대해서 어떻게 느끼십니까?					
17	당신은 노후생활을 위한 경제적 준비 정도에 대하여 어떻게 느끼십니까?					
18	당신은 환경 변화에 잘 적응하고 있습니까?					
19	당신은 요즘 매사에 긍정적으로 생각하십니까?					
20	당신은 요즘 불안감을 느끼십니까?					
21	당신은 요즘 취미, 여가 활동에 대해서 어떻게 느끼십니까?					
22	요즘 당신의 생활 수준에 대하여 어떻게 느끼십니까?					
23	요즘 당신의 활동 정도(걷기, 앉기, 버스 타기) 등에 대해서 어떻게 느끼십니까?					
24	당신은 요즘 남들과 서로 믿으며 생활하고 있습니까?					

2 성공적 노후생활설계를 위한 실습[1)]

1) 자신의 치매, 우울증 자가진단을 해보고 토의해 보자.

2) 자신만의 스트레스 관리를 통해 정신건강 예방 방안에 대해 토의해 보자.

1) 성공적 노후생활설계를 위한 실습은 이준우 외(2011). 〈경기도 노후생활설계사 교육교재〉. 경기도에서 일부 발췌 · 수정 · 보완한 것이다.

3) 노년기 영화 '어바웃 슈미트'를 짧게 감상한 후 아름다운 노후생활에 대한 자신의 계획과 소감을 나눠보자.

4) 사례별 접근

사례 1

K씨는 74세로 고졸이며, 1남 2녀를 두고 있다. 현재 귀가 잘 안 들려서 크게 이야기해야 하고, 말도 약간 어눌하여 정확하게 들리지 않을 때가 있다. 부인은 70세로 1개월 전에 사망하였다. 큰 딸과 작은딸 왕래가 전혀 없으며, 현재 첫째 아들(45세)과 거주하고 있으며, 며느리와 손자 2명이 있다. 부인이 사망하기 1년 전부터 아들 내외와 거주하고 있으며, 며느리랑 낮 시간 동안 같이 있기 거북하여 복지관에 나오는 편이다. 9시에 주무시고 새벽 1시쯤 깨서 잠이 안 오면 담배만 피우신다고 한다. 재산은 조금 있는데 그것 때문에 자식들이 싸워서 딸들은 왕래하지 않고 있으며, 건물 월세 300백 원 정도 받는 것은 며느리에게 관리하라고 주었고, 현재 본인은 통장에 있는 현금으로 생활하고 있다. 복지관에 9시에 와서 6시쯤 집에 가고 가족들과 대화는 없는 편이다. 매사에 우울한 편이고 사람들을 만나는 것은 꺼려하시며, 내가 약간 미친 것 같다는 호소로 상담하러 오셨다.

가_ 당신이 상담가라면 어떤 이슈를 다룰 것인가?
나_ 할아버지만 상담할 것인가? 아니면 다른 가족들도 상담할 것인가?
다_ 당신은 어떠한 자원을 이용할 것인가?
라_ 상담목표를 어떻게 세울 것인가?

사례 2

68세 할머니인 순녀 씨는 기억과 관련된 문제로 복지관 상담실에 왔다. 30살의 인테리어 디자이너인 딸 태희가 연락했고, 예약도 했다. 순녀 씨의 남편은 퇴직한 68세 경비 관리인이며, 복지관에 오는 것을 운전해 주었다. 첫번째 면접에서 상담자는 두 사람을 따로 만났고 순녀 씨는 매우 긴장되고 조용한 것처럼 보였으며 대부분 상담자와 이야기하려고 하지 않았다. 상담자가 그녀의 남편을 따로 면접했을 때 그는 순녀 씨의 괴상한 수면 시간과 요리에 관해서 불평했다. 순녀 씨가 요리를 너무 일찍 혹은 너무 늦게 준비하는 것과 음식에 어떠한 재료를 넣어야 할지 혼동하고 있다고 호소했다. 그의 부인에 관해서 다른 힘든 점이 없는지 물었을 때 순녀 씨의 성질과 고집스러움이라고 대답했다. 남편은 상담에 관심이 별로 없었고 딸이 고집을 부려서 데리고 왔다고 했다. 상담자가 딸을 만났을 때는 화가 많이 나 있고, 엄마에 대해 꽉 막히고 방어적이고 감정을 이야기하지 않고, 억누르고 있어서 걱정된다고 했다. 엄마는 지나치게 책임감이 강하고 명랑한 성격이었다고 했다. 가족들에게 헌신하고 지지하는 역할을 많이 하면서 자녀를 키웠다고 했다. 엄마 혼자 거의 부양의 책임을 다했다고 했다. 엄마는 현재 마음의 문을 열지 못하고 많이 고통받고 있으며, 방어적이고 변덕스럽게 느껴진다고 했다. 딸 태희는 엄마가 정신적으로 아플까봐 걱정이며 두렵다고 했고, 엄마가 예전하고 많이 달라졌다고 했다.

가_ 당신이 상담가라면 어떤 이슈를 다룰 것인가?
나_ 할머니만 상담할 것인가? 아니면 다른 가족들도 상담할 것인가?
다_ 당신은 어떠한 자원을 이용할 것인가?
라_ 상담목표를 어떻게 세울 것인가?

사례 3

서비스이용자: "더 이상 아무 곳에도 가고 싶지 않아요. 당신도 알다시피 나는 잘 듣지 못하고 계속해서 다른 사람에게 무슨 말을 했는지 다시 물어보는 일도 창피해요. 나는 내 주변에서 무슨 일이 일어나고 있는지 더 이상 확실히 알 수가 없어요. 하지만 내가 나가지 않고 집에 있으면 매우 우울해져요."

가_ 내용을 요약하시오
나_ 감정을 나열하시오.
다_ 문제를 규정하시오.
라_ 목표를 설정하시오.
마_ 이슈를 명료화하시오.

사례 4

다음 사례를 읽고 A씨의 재무목표를 달성하기 위한 방법을 논의해 보자.

□ 정부투자기관 퇴직자 58세(A씨)

□ 현재상황

- 수입(퇴직 후 공무원연금 월 250만 원)/자산(은행 정기예금 4억 및 부동산 3억)
- 재무목표: 31세 딸의 결혼자금과 결혼한 아들의 사업자금 및 노후준비

사례 5

다음 사례를 읽고 B씨의 재무목표를 달성하기 위한 방법을 논의해 보자.

□ 중소기업 퇴직자 57세(B씨)

□ 현재상황

- 전세 거주, 부동산(주택 1채) 자산 3억, 금융자산 2억(MMF, 은행예금)
- 월 지출은 200만 원, 수입은 연금 20만 원, 월세 100만 원
- 자녀(3명): 1남 1녀는 출가, 막내 1명은 미혼
- 재무목표: 노후자금 및 결혼지원금 마련

강유진(2003). 한국여성노인들의 노년기 적응과 노년기 삶의 모습에 대한 질적 연구. 대한가정학회지 41(3), 131-146.

강인(2003). 노인 유사 체험(Senior Simulation)이 노인과 체험자 자신의 노화에 대한 태도에 미치는 영향. 노인복지연구 19, 7-30.

_____ (2003). 성공적 노화의 지각에 관한 연구. 노인복지연구 20, 95-116.

경기도노인일자리지원센터(2010). 활기찬 노후를 위한 시니어 창업스쿨. 경기도노인일자리지원센터.

고대선(2009). 건강한 노후 척도 개발에 관한 연구. 한국노년학 29(1), 117-134.

권중돈(2010). 노인복지론. 서울: 학지사.

김경호 · 김지훈(2009). 한국 노인의 성공적인 노화요인의 구조분석. 한국노년학 29(1), 71-87.

김미혜 · 신경림(2005). 한국 노인의 성공적 노후 척도 개발에 관한 연구. 한국노년학 25(2), 35-52.

김미혜 · 신경림 · 강미선 · 강인(2004). 한국노인의 성공적 노후에 대한 경험. 한국노년학 24(2), 79-95.

김백수 · 이정화(2010). 중년층의 사회적 노후준비 결정요인분석. 한국지역사회생활과학회지 21(3), 411-425.

김원경(2001). 노년기의 신체적 건강과 우울증간의 관계. 한국임상심리학회지 20(1), 49-66.

김정석(2003). 노후생활에서의 성별 차이: 경제적 차원을 중심으로. 한국인구학 26(1), 59-77.

김주성 · 최수일(2010). 라이프스타일이 노후준비도 및 생활만족도에 미치는 영향. 한국가족복지학 15(3), 97-119.

김태일 · 김지혜(2009). 노령연금이 중산층 노후생활에 미치는 영향. 한국사회보장학회 2009

정기학술대회 자료집.
모선희 · 김형수 · 유성호 · 윤경아(2006). 한국노인복지론. 서울: 학지사.
미래에셋퇴직연금연구소(2009). 장수리스크 산정과 국제비교. 미래에셋퇴직연금연구소.
_____ (2011). 미래에셋 연금뉴스 합본(은퇴 편).Vol. V. 미래에셋퇴직연금연구소.
민순 · 주애란 · 백명 · 박상화 · 신인용(2002). 노인건강 증진을 위한 노인교육 프로그램 실제. 노인복지연구 17, 211-236.
박경란 · 이영숙(2002). 성공적 노화에 대한 인식 조사연구. 한국노년학 22(3), 53-66.
박기남(2004). 노년기 삶의 만족도의 성별 차이. 한국노년학 24(3), 13-29.
박미석(2002). 노년기 여가만족이 삶의 질에 미치는 영향. 대한가정학회지 40(5), 133-146.
박상철 · 최성재 · 곽충실(2009). 한국형 노후생활 설계 교육 프로그램 개발 연구. 보건복지가족부.
박영란(2011). 노인복지관 여가 프로그램의 새로운 비전. 2011 춘계 전국노인복지관대회 자료집.
박창제(2008). 중 · 고령자의 경제적 노후준비와 결정요인. 한국사회복지학 60(3), 275-297.
박형란(2010). 한국 노인의 성공적 노화과정. 고려대학교 대학원 박사학위논문.
배정희(2007). 노후설계 프로그램. 서울: 생명출판사.
백지은(2006). 한국 노인들의 성공적 노화에 대한 인식: 비교문화적 접근. 이화여자대학교 대학원 박사학위논문.
보건복지부(2010). 생애주기별 국민기초생활보장 수급자 현황. 보건복지부.
_____ (2011a). 2011년 노인일자리사업 종합안내. 보건복지부.
_____ (2011b). 2012년 국민기초생활보장 수급자 현황. 보건복지부.
서경희(1995). 은퇴자를 위한 퇴직전 준비교육의 활용방안. 대구대학교 대학원 석사학위논문.
성혜영 · 유정헌(2002). 성공적 노화 개념의 인식에 관한 연구. 한국노년학 22(2), 75-93.
성혜영 · 조희선(2005). Rowe와 Kahn의 구성요소를 활용한 성공적 노화 모델. 한국노년학 26(1), 105-123.
시니어파트너즈(2008). 시니어 행태조사 결과보고서. 시니어파트너즈.
신섭중 · 신복기 · 현외성 · 박경일 · 김익균 · 김경호(1999). 한국사회복지법제개설. 서울: 대학출판사.
안현선 · 김효민 · 안진경 · 김양희(2009). 중년기 여성의 노후준비도와 성공적 노후에 대한 인식이 생활만족도에 미치는 영향. 한국가족자원경영학회지 13(3), 137-155.
양옥남 · 김혜경 · 김미숙 · 정순둘(2010). 노인복지론. 경기: 공동체.
오희철 · 이은숙 · 염유식 · 이준우 · 오덕자 · 이상욱 · 설재웅 · 정명지 · 이병규(2010). 베이비붐 세대의 건강 실태 분석 및 미래 보건의료의 사전 대응체계 구축 기초 연구. 연세대학교 건강증진사업지원단, 보건복지부 용역 보고서.
우승호(2006). 노후설계백서. 서울: 휴먼앤북스.
우재룡(2006). 행복한 노후설계 부작정 따라하기. 서울: 길벗.
유성호 · 모선희(1997). 노후생활만족에 관련된 변인: 남녀차이에 대한 분석. 한국가족복지학 2(1), 37-49.
유재성(역)(2006). 아름다운 은퇴. 서울: 학지사.
윤현숙 · 유희정(2007). 성공적 노화여부에 따른 중요 생애사건 비교분석. 한국노년학 27(4), 807-827.
이덕남(역)(2010). 행복의 조건. 서울: 프런티어.
이두희 · 박미석(1998). 여가와 삶의 질에 관한 구조. 소비자학연구 9(4), 101-116.
이소정 · 정경희 · 김경래 · 이은진 · 강인 · 이금룡 · 한정란(2010). 노후설계서비스 지원체계 구축 및 운영방안. 보건복지부, 한국보건사회연구원.
이순옥 · 강정애(2010). 기업 종사자의 은퇴에 대한 인식 및 준비상식에 대한 연구. 한국항공경영학회 2010 추계학술대회 자료집.
이연숙(2010). 생산적 노후생활을 위한 노인자원봉사활동에 관한 연구. 임상사회사업연구 7(2), 19-43.
이영호 · 심경순 · 김태준(2010). 정신보건사회복지의 이해. 서울: 학지사.
이주일 · 강연욱 · 김지현 · 유경(2011). 생산적 노화에 대한 세대간 인식차 및 생산적 노화 척도의 타당성 분석. 한국심리학회지: 산업 및 조직 24(1), 1-27.
이준우 · 서문진희(2009). 노인장기요양보험 재가서비스의 문제점과 개선방안. 한국노년학 29(1), 149-175.
이준우 · 이현아 · 황준호(2011). 한국 노인의 노후생활에 관한 인식. 한국노년학 31(3), 711-732.
이준우 · 황준호 · 지경희 · 이현아 · 조미애(2011). 경기도 노후생활설계사 교육교재 개발. 경기도.
이재규(2009). 노년의 탄생. 경기: 사과나무.

장경은(2009). 빈곤노인의 노화경험에 대한 현상학적 연구. 한국사회복지학 61(4), 355-380.

정경희 · 한경혜 · 김정석 · 임정기(2006). 노인문화의 현황과 정책적 함의: 성공적 노화담론에 대한 비판적 검토를 중심으로. 한국보건사회연구원.

조성남(2005). 에이지붐 시대. 서울: 이화여자대학교 출판부.

조성남 · 윤옥경(2000). 가치관과 행위양식의 세대간 차이와 유사성. 사회과학 연구논총 5, 103-135.

주소현 · 정순희 · 최혜경(2010). 성인지적 예산분석 사례: 여성의 노후소득 안정화 방안 연구. 한국여성개발원.

최성재(2000). 사회문제와 사회복지. 경기: 나남.

_____ (2009). 수도권 지역 중년기 이후 세대의 노후생활 인식과 노인에 대한 인식. 한국노년학 29(1), 329-352.

최혜경 · 백지은 · 서선영(2005). 노인들의 인식을 통한 한국적인 성공적 노화의 개념. 한국가정관리학회지 23(2), 1-10.

최희경(2010). '신노년' 정책 담론에 대한 비판적 재검토: 활동적 노화, 성공적 노화, 생산적 노화를 중심으로. 한국사회정책 17(3), 41-65.

청와대(2011). 정책소식지. 제92호. 청와대.

통계청(2008). 고령자통계자료. 통계청.

_____ (2010a). 사회통계조사. 통계청.

_____ (2010b). 통계로 본 베이비붐 세대의 어제, 오늘, 내일. 통계청.

_____ (2010c). 한국통계연감. 통계청.

한국보건사회연구원(2008) 노인실태조사. 한국보건사회연구원.

한경혜(2000). 신노년층 문화와 성공적 노화. 한국가족학회 춘계학술대회 자료집.

한경혜 · 윤성은(2007). 대중매체에서의 신노년 담론 분석: 신문매체를 중심으로. 한국노년학 27(2), 299-322.

허기한(2010). 크리스천 노인의 사회참여와 삶의 질 변화과정에 대한 연구. 신학과 실천 24(2), 313-337.

홍경숙 · 전대성(2010). 생태체계요인이 노인의 생활만족도에 미치는 영향. 21세기사회복지연구 7(2), 265-297.

홍성희(1998). 노년기 생활설계 프로그램 개발을 위한 기초연구. 한국학술진흥재단.

홍현방(2001). 성공적인 노화 개념정의를 위한 문헌연구. 이화여자대학교 대학원 박사학위논문.

황승일(2000). 초기노인의 노후관련태도와 노후준비에 관한 연구. 대구가톨릭대학교 대학원 석사학위논문.

화성시남부노인복지관(2010). 만사대전보 3호. 화성시남부노인복지관.

화성시남부노인복지관(2011). 만사대전보 4호. 화성시남부노인복지관.

화성시남부노인복지관 내부자료(2011).

Baltes, P. B. & Baltes, M. M.(1990). *Successful aging perspective from the behavior science.* New York: Cambridge University Press.

Botwinick, J.(1977). Intellectual abilities. In J. E. Birren & K. W. Schaie(Eds.), *Handbook of the psychology of aging*(pp. 53-67). New York: Academic Press.

Beauvoir, Somone de.(홍상희 · 박혜경 역, 2002). 노년(나이듦의 의미와 그 위대함). 서울: 책세상. (La)Vieillesse.

Birren, J. E.(1964). *The Psychology of aging. Englewood cliffs.* New Jersey: Prentice-Hall.

Blakemore, K.(1997). *From minorities to majorities: perspectives on culture, ethnicity and aging in British gerontology.* 27-38. in A. Jamieson, S. Harper, & C. Victor. Critical approaches to ageing and later life. Buckingham: Open University.

Bowling, A.(2010). Enhancing later life: How older people perceive active ageing?. *Ageing and Mental Health 12(3)*, 293-301.

Chou, K. L. & Chi, I.(2002). Successful aging among the young-old, old-old, and oldest-old chinese. *International Journal of Aging and Human Development 54(1)*, 1-14.

Crosnoe, R. & Elder, G. H.(2002). Successful adaptation in later years: A life-course approach to aging. *Psychological Quarterly 65(4)*, 309-328.

Fisher, B. J.(1995). Successful aging, life satisfaction, and generativity in later life. *International Journal of Aging and Human Development 41*, 239-250.

Fisher, B. J., & Specht, D. K.(1999). Successful aging and creativity in later life. *Journal of Aging Studies 13*, 457-472.

Kahana, E. & Kahana, B.(2003). Contextualizing Successful Aging: New Directions. in an Age-Old Search, in R. Sattersten. Jr. (Ed). *Invitation to the life course: Towards New Understanding of Later Life*(pp. 225-255). New York: Baywood Publishing Company.

Keith, J. & Fry, C. L. & Ikels, C.(1990). *The Aging Experience, Diversity and Commonality Across Cultures*. SAGE Publications.

Mannell, R. C. & Dupuis, S.(1996). Life Satisfaction in J. E. Birren(ed.). *Encyclopedia of Gerontology 2*, 59-64. New York: Academic Press.

Newquist, D. D.(1991). *Aging services and the private sector: Boon or bane*. Generations, Summer/Fall: 64-67.

Rowe, J. W. & Kahn, R. L.(1987). *Human aging: Usual and successful*. Science 237, 143-149.

_____ (1997). Successful aging. *The Gerontologist 37(4)*, 433-440.

_____ (1998). *Successful aging*. New York: Pantheon/Random House.

Saleebey, D.(1992). *The strengths perspective in social work practice*. White Plains. New York: Longman.

Stone, R. G. (1996). *Gerontology manual*. Warner Tacoma. WA: Univ. of Puget Sound.

Thayer, P. W.(1999). Successful aging. *Personnel Psychology 52(3)*, 764-767.

Torres, S.(2002). Relational values and ideas regarding 'Successful aging'. *Journal of Comparative Family Studies 33(3)*, 417-432.

Vaillant, G. E., & Mukamal, k.(2001). Successful aging. *The American Journal of Psychiatry 158*, 839-847.

WHO(2002). *Active Ageing: A Policy Framework*.

Willigen, J. & Lewis, D. C.(2006). *Culture as the context of aging*. in Hyunsook Yoon & Jon Hendricks. Handbook of Asian Aging. Amityville, New York: Baywood Publishing Company.

Wong, P.T.P.(1989). Personal meaning and successful aging. *Canadian Psychology 30(3)*, 516-525.

공감코리아 홈페이지(http://korea.kr)
공공보건포털 홈페이지(http://phi.mw.go.kr)
국민고혈압사업단 홈페이지(http://www.hypertension.or.kr)
국민연금공단홈페이지(http://www.nps.or.kr)
국민연금공단 노후설계사이트(http://csa.nps.or.kr)
경기도소비자정보센터 홈페이지(http://www.goodconsumer.net)
경북대학교 당뇨병센터 홈페이지(http://www.knuhdmc.or.kr)
농지연금포털홈페이지(http://www. fplove.or.kr)
네이버 카페(http://cafe.naver.com/2011ggsilver)
네이버 블로그(http://blog.naver.com/123kmss)
대법원인터넷등기소 홈페이지(http://www.iros.go.kr)
대한법률구조공단 홈페이지(http://www.klac.or.kr)
리치플랜에셋 홈페이지(http://asset.theoz.co.kr)
미래에셋퇴직연구소 홈페이지(http://pri.miraeasset.com)
보건복지부 저소득층 복지정책 홈페이지(http://team.mohw.go.kr)
보건복지부 홈페이지(http://www.mw.go.kr)
삼성서울병원 홈페이지(http://www.samsunghospital.com)
서울대학교 노화고령사회연구소 홈페이지(http://ioau3a.snu.ac.kr)
서울사이버대학교 노후생애설계교육 홈페이지(http://life.iscu.ac.kr)
시립서대문노인종합복지관 노인자살예방센터 홍보자료.
소비자상담센터 홈페이지(http://www.ccn.go.kr)
한국가정법률상담소 홈페이지(http://lawhome.or.kr)
한국노인인력개발원 홈페이지(http://www.kordi.or.kr)
한국노인인력개발원 100세누리 홈페이지(http://www.100senuri.go.kr)
한국주택금융공사(http://www.hf.go.kr)

뉴시스(2009. 3. 19.). 미래에셋, 한국 장수리스크 美 · 日보다 2배 이상 높아.
서울신문(2007. 7. 4.). 은퇴후 적정 생활비 월 150만~200만 원.
연합뉴스(2005.10. 6.). 노년 부양비 · 노령화 지수 차이.
연합뉴스(2011. 7. 10.). 한국 인구, 2100년 3,700만 명으로 감소.

중앙선데이(2011. 6. 5.). 해외만평 노인 쓰나미 중국 인구 고령화 공포, 10년 뒤부터 60세 이상 급증해 최대 4억 명.

폴리뉴스(2011. 5. 25.). 경기도 소비자정보센터, 악덕상술 주의보 발령.

저자소개

이 준 우

총신대학교 종교교육학과, 동 신학대학원 졸업
숭실대학교 사회사업학과 학부과정 이수
숭실대학교 대학원 사회사업학 석사, 박사
강남대학교 사회복지학부 교수
강남대학교 사회복지대학 학장
강남대학교 사회복지전문대학원 원장
화성시남부노인복지관 관장
한국노인복지관협회 이사
경기도노인복지관협회 부회장
화성시 복지재단 운영위원
나래울 화성시복합복지타운 운영위원

황 준 호

강남대학교 사회사업학과 졸업
나사렛대학교 재활복지대학원 국제수화통역학 석사
강남대학교 사회복지전문대학원 박사과정
화성시남부노인복지관 사무국장

이 현 아

강남대학교 사회복지학부(사회사업학 전공) 졸업
강남대학교 사회복지전문대학원 사회복지학 석사
강남대학교 사회복지전문대학원 박사과정
화성시남부노인복지관 부설 노인자살예방센터 노인전문상담사

조 미 애

강남대학교 사회복지학부(사회사업학 전공) 졸업
강남대학교 사회복지전문대학원 사회복지학 석사
화성시남부노인복지관 지역사회팀 사회복지사

노인복지총서 ❶

성공적인 노후생활 가이드 **노후생활설계**

초판 1쇄 인쇄 2011년 10월 24일
초판 1쇄 발행 2011년 10월 31일

지은이_ 이준우 · 황준호 · 이현아 · 조미애
펴낸이_ 황호철
펴낸곳_ 도서출판 파란마음

주소_ 140-845 서울시 용산구 백범로90라길 47 | 전화_ (02) 3275-2110~1 | 팩스_ (02) 3275-2199

등 록_ 2006년 4월 24일 · 제302-2006-00024호

ISBN 978-89-92546-84-3 93330
값 12,000원